DK

100가지 사진으로 보는
우주의 신비

윌 게이터 지음
안젤라 리자, 다니엘 롱 그림
장이린 옮김
전현성 감수

책과함께어린이

들어가며

모험을 떠날 준비가 되었나요? 이 책을 넘길 때마다 우리는 수많은 모험가들, 과학자들, 천문학자들의 발걸음을 따르게 될 거예요. 그들은 우주의 신비를 풀어내려 했던 사람들이지요. 지금부터 우리 고향이라 할 수 있는 지구(지구는 그 자체로도 경이롭지요)에서 시작해 우주로 멀리 나아가 보도록 해요. 태양계 행성들과 그 밖의 별들 그리고 그 너머 은하들까지요. 우주에서 특별한 천체를 만날 때면 그것들이 과연 무엇이며, 천문학자들은 어떻게 연구하는지도 배울 거예요. 그러면 우주에 대해 이해할 수 없는 것들이 많다는 사실도 깨닫겠지요. 우주의 수많은 신비들이 아직까지 풀리지 않았으니까요. 자, 그럼 출발해 볼까요?

Will Cater

저자 윌 게이터

> **주의**
> 절대로 태양을 직접 쳐다보지 마세요!
> 너무 밝아서 눈이 손상될 수 있어요.

차례

지구의 대기 4	목성의 구름 76	구상 성단 148
밤하늘 6	목성의 붉은 소용돌이 78	성운 150
유성 8	유로파 80	발광 성운 152
운석 10	이오와 화산들 82	행성상 성운 154
오로라 12	칼리스토와 가니메데 84	암흑 성운 156
별자리 14	토성 86	반사 성운 158
달 16	토성의 얼음 고리 88	은하 중심 160
달의 위상 18	토성의 육각형 구름 90	창조의 기둥 162
월식 20	타이탄 92	초신성 잔해 164
지구 반사광 22	엔셀라두스 94	**은하** **166**
달의 바다 24	이아페투스 96	국부 은하군 168
달의 구덩이 26	천왕성 98	왜소 은하 170
달에서 걷기 28	해왕성 100	마젤란 은하 172
태양 30	트리톤 102	안드로메다 은하 174
흑점 32	**카이퍼대** **104**	폭발적 별 형성 은하 176
홍염 34	명왕성 106	나선 은하 178
개기 일식 36	명왕성 표면 108	렌즈형 은하 180
태양계 **38**	아로코스 110	타원 은하 182
암석형 행성 40	혜성 112	상호 작용 은하 184
수성 42	혜성의 절벽 114	스테판의 5중주 186
수성의 태양면 통과 44	**오르트 구름** **116**	국부 초은하단 188
칼로리스 분지 46	외계에서 온 천체 118	중력 렌즈 190
금성 48	우리 은하 120	130억 년 전 우주 192
금성의 화산 50	별 122	우주 망 194
금성의 구름 52	프록시마 센타우리 124	우주 최초의 빛 196
화성 54	원시별 126	우주여행 198
매리너 계곡 56	사다리꼴 성단 128	북반구 하늘의 별자리들 200
올림푸스 몬스 58	산개 성단 130	남반구 하늘의 별자리들 202
화성의 먼지바람 60	행성의 탄생 132	우주 탐험의 역사 204
화성의 물 62	외계 행성 134	용어 풀이 210
화성 탐사 64	직녀별 136	그림 목록 212
화성의 위성들 66	베텔게우스 138	이 책을 넘어서 218
소행성 68	용골자리 에타 140	찾아보기 220
세레스 70	초신성 142	사진 출처 224
기체형 행성 72	중성자별 144	
목성 74	블랙홀 146	

지구의 대기

대기는 지구라는 행성에 붙어 있는 얇은 기체층에 지나지 않지만 우리가 살아갈 수 있게 해 주어요. 그리고 유성이나 오로라 같은 아름다운 천체 현상이 일어나는 곳이지요.

맑은 날 하늘을 보면 새파래요. 대기 속 기체 분자들이 태양 빛의 파란색을 주로 산란시켜, 사방으로 흐트러뜨리기 때문이에요. 밤하늘의 별들이 깜박이는 이유도 지구에 대기가 있어서예요. 대기가 요동치며 우리 눈에 도달하는 별빛을 구부러뜨려, 별이 반짝이는 듯 보이는 것이랍니다.

지구의 대기는 대부분 질소로 구성되어 있어요. 더 적은 양이긴 하지만 산소와 이산화탄소 같은 다른 기체들도 섞여 있지요.

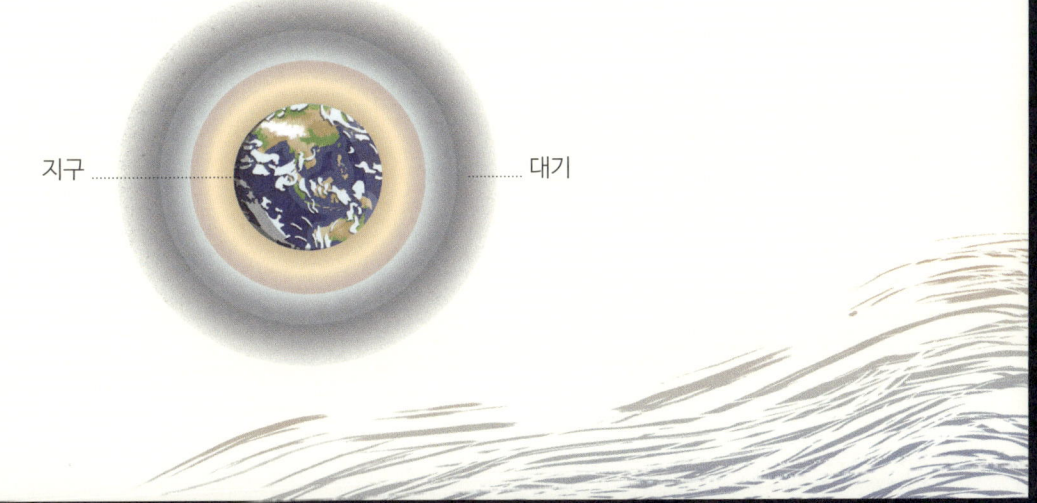

지구 ········· 대기

야광운이라는 이 빛나는 구름은 해 질 녘에만 볼 수 있어요.

밤하늘

망원경을 사용해 밤하늘을
관측하기 시작한 것은 약 400년 전이에요.

이 찬란한 광경은 칠레 아타카마 사막에서 바라본 것이에요.

매일 저녁, 어둠이 내리고 하늘이 짙푸른 색에서 먹먹한 검정색으로
변할 때면 넓은 우주가 눈앞에 펼쳐져요. 반짝이는 별들은
하늘을 가득 채우고, 머리 위로 떠다니는 행성들을 위해 빛나는 배경이
되어 주지요. 때때로 유성이 밤하늘을 가로질러 날아가요.
은빛 달은 매일 밤마다 조금씩 모습이 달라 보이고요.

오늘날 천문학자들은 성능이 아주 좋은 망원경으로 우주를 깊숙이
들여다볼 수 있어요. 아주 먼 우주를 탐험할 수 있게 된 거예요.
우주에는 수십억 개의 은하가 있고, 각 은하는 별들로 가득 차 있어요.
어쩌면 그중 어느 한 곳에서도 누군가가 마법처럼
반짝이는 하늘을 올려다보며 감탄하고 있을지도 모르겠네요.

유성

유성을 본 적 있나요? 이 순간적인 빛줄기는 우주를 떠도는 먼지들이
지구 대기와 부딪힐 때 생겨나요. 모래 알갱이 정도의 작은 부스러기와
먼지들이 태양계 전체에 흩어져 있는데, 그중 일부는
시속 24만 킬로미터로 지구 대기와 충돌하기도 하지요.
먼지가 빠른 속도로 지구 대기와 충돌할 때 열이 발생하며 순식간에
빛을 내요. 바로 유성 또는 별똥별이라 불리는 현상이에요.
이때 먼지는 지구 대기에서 불타 빠르게 증발하지요.

지구가 혜성이나 소행성의 먼지 자국을 지날 때면
유성우를 볼 수 있어요. 유성이 비처럼
한꺼번에 쏟아지는 현상이에요.

매년 12월에 발생하는
쌍둥이자리 유성우가
빛을 내며 떨어지는 모습.

이 운석은 칠레의 아타카마 사막에서 발견되었어요.

운석

우주를 떠돌던 파편이 지구 대기에 부딪히더라도 때로는 너무 커서, 하늘을 가로지르며 불타는 과정에서 완전히 파괴되지 않기도 해요. 이렇게 살아남은 우주 암석 덩어리가 땅 위에 떨어진 것을 운석이라고 해요.

운석의 형태는 다양해요. 돌로 되어 있는 것도 있고, 철이나 니켈 같은 금속으로 이루어진 것도 있어요. 과학자들은 정기적으로 사막이나 남극 대륙 같은 먼 지역을 탐험하며 운석을 찾아다녀요. 운석을 연구하면 머나먼 태양계 천체들이 무엇으로 이루어졌는지 알 수 있으니까요. 나아가 행성들의 숨은 역사도 밝혀낼 수 있겠지요.

달이나 화성에서 떨어져 나온 운석도 있어요.

오로라

지구의 극지방에 어둠이 내리는 저녁에는 까만 하늘 위로 '오로라'라는 빛의 커튼이 은은하게 빛나요. 오로라는 때때로 물결 모양을 이루며 하늘을 가로질러 밝고 다채로운 광선을 뿜어내지요. 북반구에 나타나는 오로라는 북극광, 남반구에서는 남극광이라고 불러요.

오로라는 주로 초록색과 빨간색으로 이루어진 띠가 춤추는 듯한 모습으로 태양에서 날아오는 입자가 지구 대기와 부딪혀 생겨나요. 태양에서 전하를 띤 입자(플라즈마)를 뿜어내더라도 지구 자기장이 보호막 역할을 하며 이를 막아 내요. 그러나 일부 입자는 지구 자기장에 이끌려 남극과 북극으로 흩어지고, 지구 대기와 충돌해 빛을 내지요. 이 현상이 오로라예요.

북극광

남극광

오로라의 초록빛은 산소와 반응해 나타나요.

국제 우주 정거장(ISS)에서 찍은 북극광의 모습.

오리온자리는 그리스 신화에 나오는 사냥꾼의 이름을 딴 것이에요.

별자리

밤하늘의 반짝이는 별들에서 익숙한 윤곽이나 모양을 본 적 있나요? 수천 년 동안 전 세계 문화권에서 하늘을 관찰하던 사람들은 별들에서 같은 모양이 반복해서 나타나는 것을 찾아냈어요. 그것을 별자리라고 불렀지요. 오늘날 국제 천문 연맹(IAU)은 88개의 별자리를 인정해요. 별자리는 온갖 종류의 물건과 생물뿐 아니라 신화 속 등장인물의 모습으로도 나타나요(200~203쪽에 자세히 나와 있어요).

독립된 별자리로 인정되지는 않지만, 별들이 일정한 모양을 이룬 경우도 있어요. 이를 성군이라고 하지요. (큰곰자리의 일부분으로 7개의 별로 구성된) 북두칠성과 (거문고자리의 직녀별, 독수리자리의 견우별, 백조자리의 데네브가 삼각형을 이루는) '여름의 대삼각형'이 해당돼요. 계절마다 보이는 별자리가 다른 이유는 지구가 태양을 공전하며 하늘을 바라보는 위치가 이동하기 때문이에요.

오리온자리예요. 사냥꾼 오리온의 허리띠를 찾을 수 있나요?

달

맑게 갠 밤에 달을 쳐다보아요. 수십억 년의 역사가 표면에 새겨진 천체가 보일 거예요. 달 표면의 구덩이들은 태양계가 존재하는 동안 소행성이나 혜성과 수없이 부딪혀 생긴 것이지요.

그런데 달이라는 이 암석 덩어리는 어떻게 지구 궤도를 돌게 되었을까요? 오늘날 과학자들도 풀기 어려운 문제랍니다. 가장 널리 알려진 이론에 따르면, 약 45억 년 전 지구가 다른 행성과 충돌했어요. 그런데 충격이 너무 큰 나머지 그 행성이 파괴되었고, 뜨겁게 녹아 버린 엄청난 양의 물질이 우주로 날아갔어요. 그 파편들이 지구 주위를 돌며 뭉치고 식어서 결국에는 달이 되었지요.

달이 지구에서 가장 멀리 있을 때의 거리는
그 사이에 다른 행성 7개가 놓일 수 있는 정도랍니다.

지구에 태양 빛이
비치는 쪽을 달의 뒷면이
가로지르는 모습이에요.

달의 위상

초승달　상현달　소망월　망(보름달)

달 모양이 늘 변하는 것처럼 보인다는 사실을 알고 있을 거예요. 바나나처럼 보일 때도 있고, 접시처럼 둥글게 보이기도 하지요. 그 중간쯤일 때도 있고요. 때에 따라 다르게 보이는 모습을 달의 위상이라고 해요.

달은 스스로 빛을 내지 않지만, 태양 빛이 달 표면에 반사되어 밝게 보여요. 그런데 달은 지구 주위를 끊임없이 돌고 있기 때문에 태양 빛을 받아 밝게 보이는 면적도 달라져요. 달 모양이 매일매일 다르게 보이는 이유이지요. 지구에서는 달의 한 면만을 볼 수 있어요. 달이 지구를 공전하는 동안 달 스스로도 한 바퀴 돌기 때문이에요.

달 표면에서 밝은 부분과 어두운 부분이 경계를 이루는 선을
명암 경계선(터미네이터)이라고 해요.

기망월

하현달

그믐달

삭(새 달)

달은 지구를 공전하면서
자전축을 중심으로 스스로
돌기도 해요.

개기 월식 때는 평소에 달빛에 가려 보이지 않던 별들이 드러나요.

월식

달이 붉게 물들 때도 있다는 사실을 아나요? 달 스스로 색깔을 바꾼 것처럼 보일 테지만 사실은 그렇지 않아요. 모두 지구의 그림자와 대기 때문에 일어난 현상이에요. 태양 주위를 지구가, 지구 주위를 달이 돌고 있는 동안 아주 드물게 태양, 지구, 달이 일렬로 늘어설 때가 있어요. 달이 지구의 그림자에 가려지면 은백색으로 보이던 달 표면이 점차 어두워지는데 이를 월식이라고 해요.

지구의 그림자가 달을 완전히 가리는 개기 월식이 일어나더라도 달은 우리 시야에서 사라지지 않아요. 태양 빛이 지구 대기를 통과하는 과정에서 굴절되며 일부가 달까지 도달하기 때문이에요. 이때 붉은색 빛만이 대기 중에 흩어지지 않고 무사히 달 표면에 닿지요. 달이 이 빛을 반사해 붉은색을 띠는 거예요.

개기 월식이 일어나는 동안 보름달이 붉은색을 띠어요.

지구에서 반사된 빛이 달에 도달하는 데 약 1.3초가 걸려요.

지구 반사광

지구가 스스로 빛을 내지 못한다는 사실은 누구나 알 거예요. 하지만 어쩌면, 빛날 수도 있을까요? 가느다란 초승달을 보면 왼쪽 나머지 부분이 어둠 속에 잠겨 있을 거라고 생각할 거예요. 깜깜한 밤이기도 한 데다 그 나머지 부분에는 태양 빛이 닿지 않으니까요. 그러나 자세히 보면 달의 둥근 전체 모습이 희미하게 드러나는 것을 확인할 수 있어요. 믿기 어렵겠지만 우리 행성인 지구가 그 원인을 제공하고 있답니다!

태양 빛이 지구의 구름과 바다를 비추면 그 일부는 반사되어 달에 닿아요. 바로 지구 반사광으로, 지구가 반사한 태양 빛이 달의 어두운 부분을 밝히는 것이에요. 그러므로 밝은 달이 땅 위에 은빛을 드리우면, 이곳 지구 역시 빛을 반사하고 있겠지요.

지구 반사광은 북반구의 봄에 가장 밝아요.

1651년에 지오반니 바티스타 리치올리라는 이탈리아 천문학자가
'달의 바다'에 아름다운 이름을 붙였어요.

달의 바다

몇십 억 년 전에 달을 올려다보았다면 태양계에서 일어난 멋진 광경 중 하나를 목격했을 거예요. 소행성들이 우박처럼 쏟아지며 달 표면에 분지라는 커다란 구멍이 생긴 것이지요. 시간이 지나며 구멍은 달 내부에서 새어 나온 암석으로 채워졌어요. 그리고 암석이 식어 딱딱하게 굳으며 넓게 펼쳐진 평야 지대가 형성되었지요. 바로 오늘날 달 표면에서 볼 수 있는 짙은 회색 부분이에요.

초기 천문학자들은 이 지역이 커다란 물웅덩이처럼 보인다고 해서 달의 바다라고 불렀어요. 하지만 이 이름은 오해를 불러일으킬 만했어요. 그곳에는 물기가 전혀 없거든요. 대신 달 표면은 표토라는 암석 가루로 곱게 덮여 있답니다.

'달의 바다'는 달의 구덩이 주변보다 더 어둡고 매끄러워요.

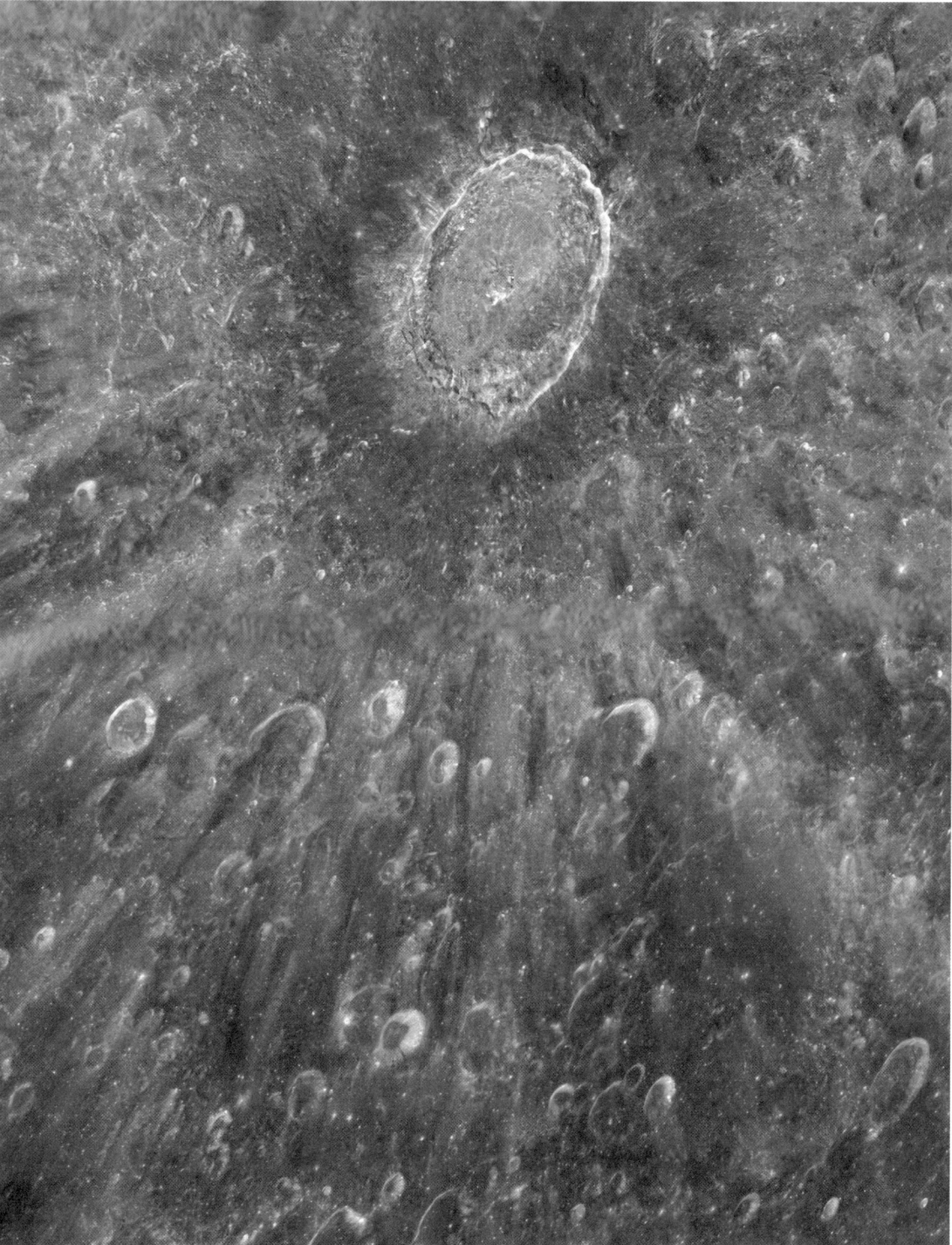

달의 구덩이

······ 티코

망원경을 사용했던 최초의 천문학자들이 이 발명품을 달 쪽으로 돌렸을 때, 그들은 놀라운 광경에 흠뻑 빠져 버렸어요. 은회색 달 표면은 커다란 접시 모양 구덩이들로 뒤덮여, 울퉁불퉁하고 움푹 파인 모습이었지요. 이러한 구덩이들은 소행성과 혜성이 달과 충돌하여 생긴 것으로 알려져 있어요. 가장 인상적인 구덩이는 티코(Tycho)예요. 이것이 생겨났을 당시 충격이 너무 커서, 그 반동으로 달 표면의 일부가 솟으며 중앙에 산이 만들어졌어요. 작은 망원경으로도 소행성이 달에 충돌하며 떨어져 나간 잔해들을 볼 수 있어요. 잔해들은 달 표면의 구덩이에서 뻗어 나온 밝은 줄무늬를 이루고 있지요.

티코는 너무 커서 그 안에
서울시가 두 개 이상 담길 정도예요.

과학자들은 티코가 생겨난 지 약 1억 년이 지났다고 보고 있어요. 아직까지 다른 소행성과 충돌하지 않아 손상되지 않았지요.

달에서 걷기

지금까지 단 12명만이 달 표면을 걸어 보았어요.
1969년 닐 암스트롱이 최초였지요.

다른 세계로 발을 내딛는 느낌이 어떨지 상상해 보아요. 달에서는 하늘이 칠흑같이 어둡고, 공기나 구름이 없어서 먼 곳의 풍경도 또렷이 보이지요. 나무나 풀도 전혀 없고, 온통 짙은 회색 가루로 덮인 땅에는 울퉁불퉁한 바위와 돌멩이들이 있어요.

아래는 1960년대 후반과 1970년대 초반에 아폴로 계획(미국의 달 탐험 계획)으로 달을 여행한 우주 비행사들이 마주했던 장면이에요. 이 특별한 첫걸음을 내딛을 당시, 달 위를 걸었던 사람들은 사진을 찍고 실험을 했으며 월면차(달 표면을 다닐 수 있도록 만든 자동차)를 운행하기도 했어요. 달에는 풍경을 바꿀 만한 바람이나 물과 같은 액체가 전혀 없기 때문에, 우주 비행사들의 발자국은 오늘날까지도 달 표면에 그대로 남아 있답니다.

우주 비행사가 남긴 발자국을 찾을 수 있나요?

태양

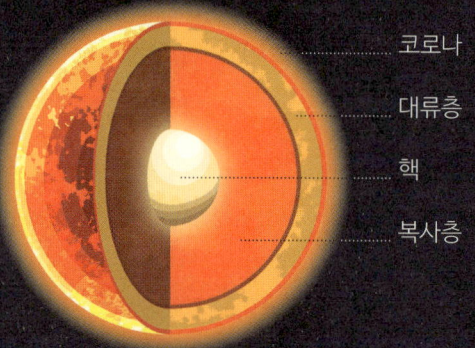

코로나
대류층
핵
복사층

밤하늘에 반짝이는 수많은 별들처럼, 태양도 그중 하나라는 사실을 아나요? 사실 태양은 우리 은하에 있는 다른 별들에 비해 작은 편이에요. 그러나 태양보다 훨씬 작은 우리 행성 식구들(태양계 행성들)이 주변을 돌고 있고, 태양의 열과 빛은 지구에 생명체가 존재하게 하지요.

태양 에너지는 중심부인 핵에서 일어나는 핵융합 반응으로 발생되어요. 수소 원자핵들이 엄청나게 높은 온도와 압력으로 융합해, 헬륨 원자핵이 되며 에너지가 방출되지요. 그리하여 뜨겁게 타오르며 빛나는 태양이 하늘에서 활동하는 것이에요.

천문학자들은 태양이 앞으로도
약 50억 년 동안 활동할 것으로 보고 있어요.

절대로 태양을 직접 쳐다보지 마세요.
너무 밝아서 눈이 손상될 수 있어요.

1년 동안 태양의 활동을 담은 사진이에요. 사진 25장을 합친 모습이지요.

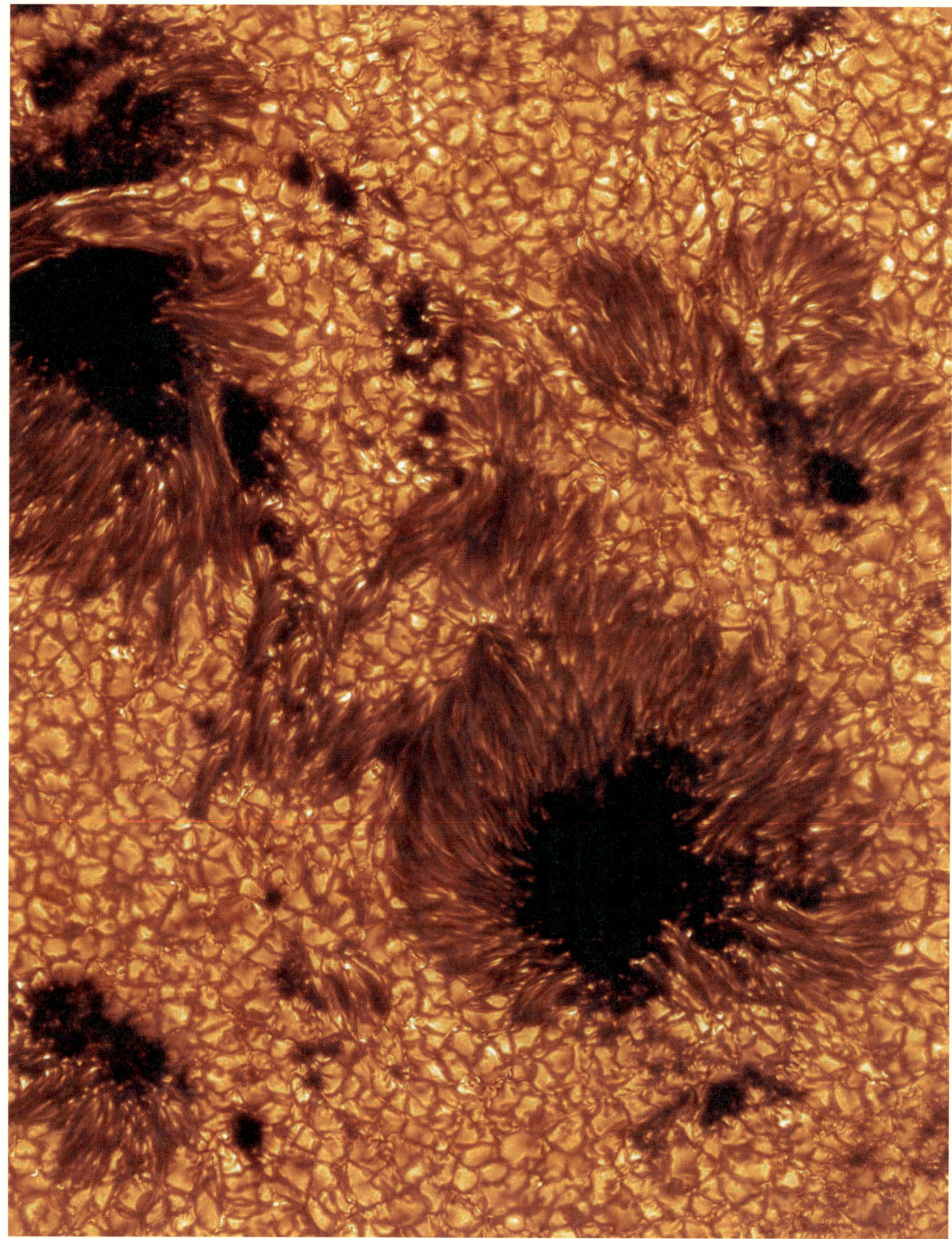

흑점

흑점 하나가 지구 전체보다
더 클 수도 있답니다!

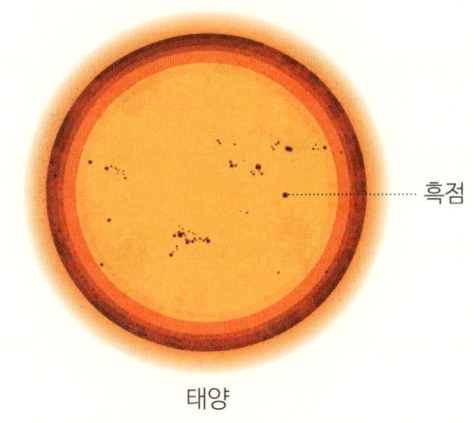

태양

태양 표면은 태양계의 다른 곳과 달라요. 매초마다 거품을 내며 타오르고, 엄청난 열과 빛을 뿜어내고 있어요. 수십억 년 동안 말이지요. 태양 표면을 광구라고 하는데 섭씨 약 5,400도예요.

태양 내부에서 나오는 자기장은 표면 일부에 도달하는 열의 양을 감소시키고는 해요. 그래서 광구의 특정 부분은 온도가 낮아지고 어두운데 이를 흑점이라 하지요. 크기가 큰 흑점은 보통 두 부분으로 이루어져 있어요. 하나는 암부라는 어두운 중심 부분이고, 다른 하나는 반암부라는 주변의 덜 어두운 부분이에요. 흑점은 수개월 동안 지속될 수도 있고 단 며칠 만에 사라질 수도 있어요.

스웨덴 태양 망원경에서 관측된 것처럼 태양의 흑점은 때때로 쌍을 이루어 나타나요.

태양을 절대로 직접 쳐다보지 마세요!

홍염

홍염(prominence)

태양

태양을 절대로 직접 쳐다보지 마세요!

지구에서 태양은 그냥 둥근 불덩어리처럼 보이겠지요. 하지만 태양 관측 위성이 발사되어 실시간으로 촬영하면서, 태양 표면과 대기에서 벌어지는 놀라운 사실이 밝혀졌어요.

태양의 가장자리에서는 불기둥이 솟아오르는데, 단 몇 분 만에 방향을 바꾸거나 이동할 수도 있어요. 이를 홍염이라고 하지요. 홍염은 플라즈마라는 과열된 물질로 이루어져 있어요. 태양에서 플라즈마가 분출될 때, 고리 모양의 자기장을 따라 곡선을 그리며 튀어 오르지요. 플라즈마는 태양 대기에서 다시 표면으로 떨어지는데, 마치 비처럼 내린다고 해서 '코로나 비'라고 불러요.

때때로 태양은 매혹적인 오로라가 생성되는 지구를 향해 물질을 뿜어내요.

플라즈마는 고리 모양의 자기장을 따라 튀어 오른 뒤 다시 태양 표면으로 떨어져요.

개기
일식

**개기 일식 동안 달 주변에 보이는 흰색 부분은
태양 대기의 가장 바깥층인 코로나예요.**

때로는 달 그림자가 지구 표면을 가로질러 지나가요. 그 어두운 그림자가 드리운 곳 가운데 서 있다면 개기 일식을 경험할 수 있을 거예요. 태양이 달에 완전히 가려 보이지 않는 개기 일식은 대개 1~2년에 한 번 일어나요.

이 등골이 서늘한 사건이 벌어지는 동안 태양 빛은 점점 어스름해져요. 공기가 차가워지고, 동물들은 저녁 맞을 준비를 하는 듯 행동하기도 하지요. 곧이어 낯선 은색 빛이 드리우고, 달이 만든 검은 원반에 태양이 완전히 가려지면 잠시 모든 것이 어두워져요. 조금 뒤 달 그림자의 중심이 멀어지며, 개기 일식이 끝나고 태양 빛이 점차 돌아오지요.

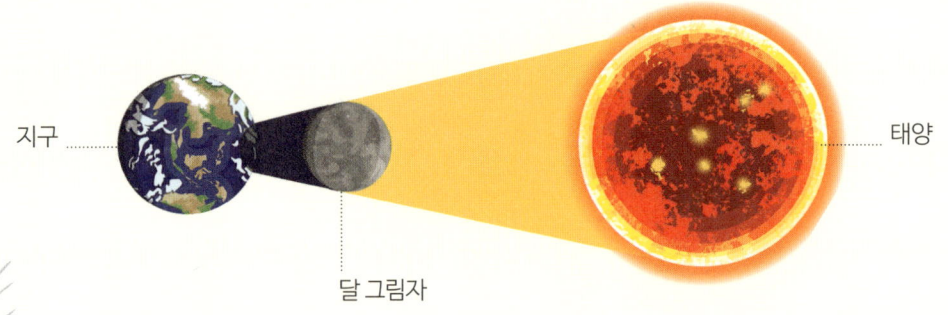

지구 · · · 달 그림자 · · · 태양

태양을 절대 맨눈으로 쳐다보지 마세요!

2016년에 발생한
개기 일식으로, 인도네시아
대부분 지역에서
볼 수 있었어요.

태양계

멀리서 태양 주위를 도는 아직 발견되지 못한
또 다른 천체가 있을지도 몰라요.

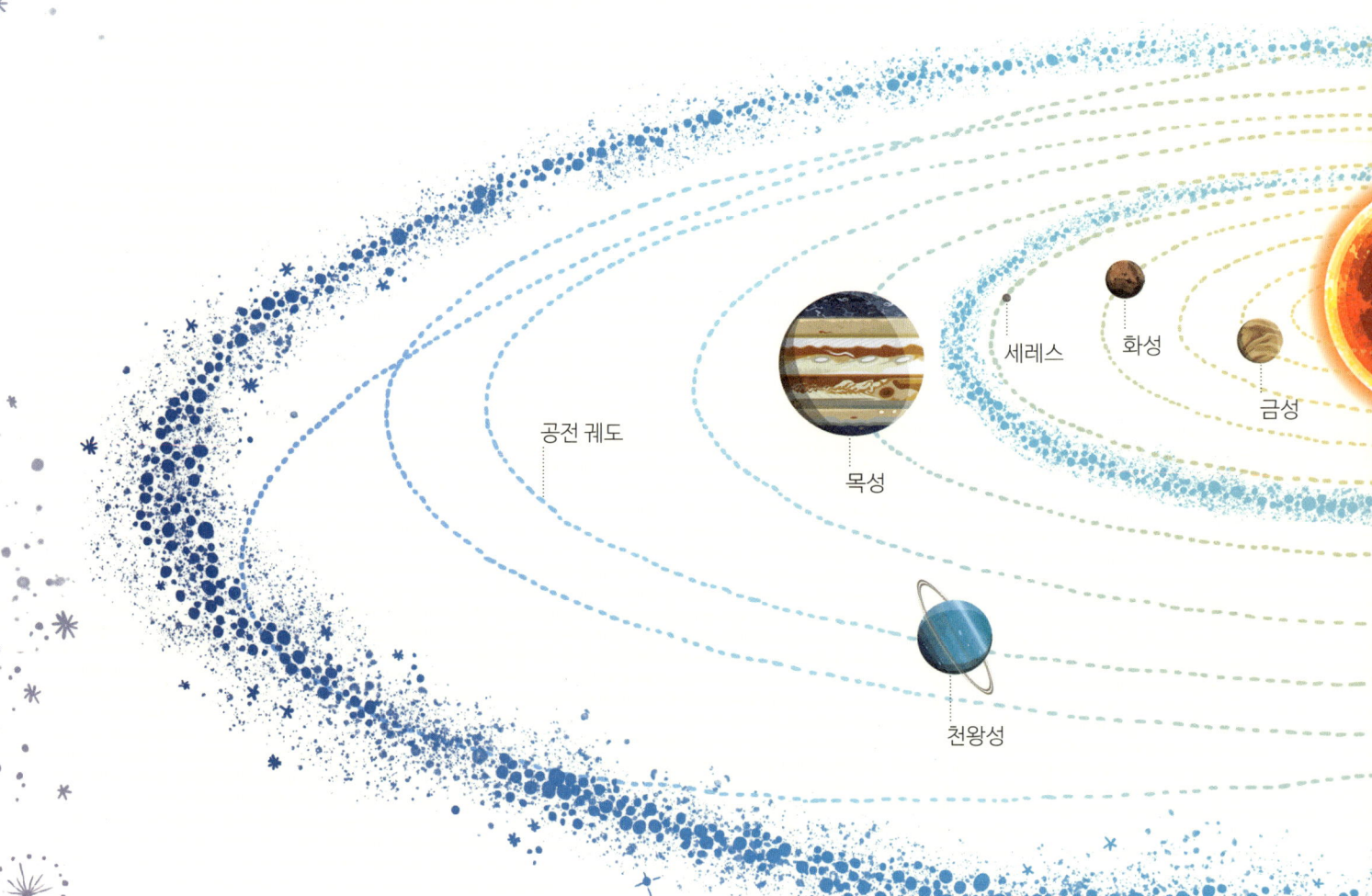

태양은 그 주위를 돌고 있는 천체들이 이루는 거대한 집단의 중심에 자리 잡고 있어요. 이 특별한 모임 전체를 태양계라고 하지요. 여기에는 8개의 주요 행성과 그 행성을 도는 위성 그리고 명왕성이나 세레스 같은 왜소행성(행성과 소행성 중간 형태의 천체)도 포함되어요.

태양계는 또한 소행성들과 혜성들의 고향이에요. 이 천체들은 지구와 같은 행성에 비교하면 굉장히 작지만, 엄청난 수가 태양 주위에 떼를 지어 있답니다.

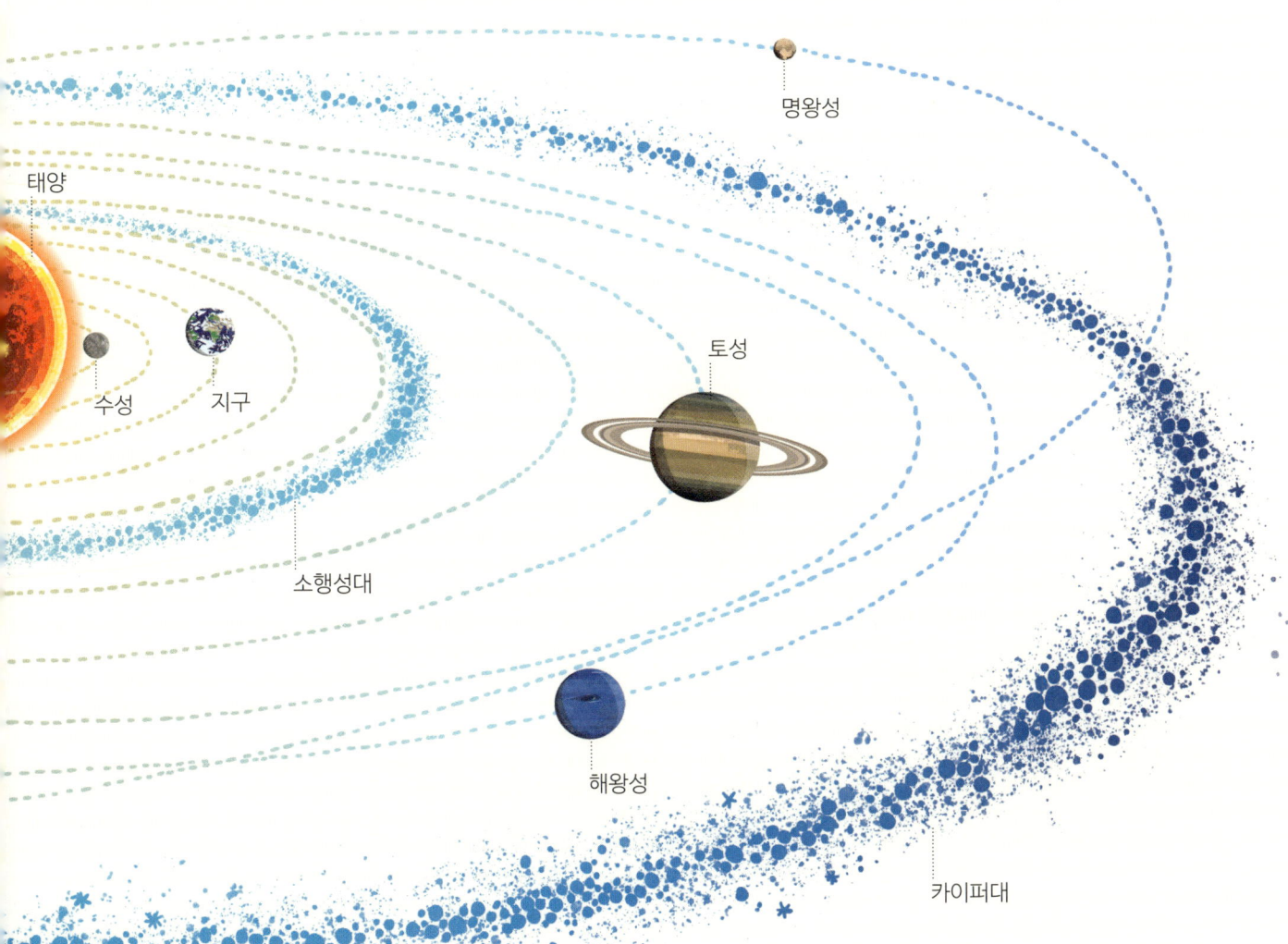

암석형 행성
(지구형 행성)

태양　　　수성　　　금성　　　지구　　　화성

수성, 금성, 화성은 때로는 망원경 없이도
볼 수 있을 만큼 지구와 가까이 있어요.

지구

화성

태양계 안쪽에는 수성, 금성, 지구, 화성 이렇게 네 행성이
있어요. 그보다 멀리 있는 네 행성(목성, 토성, 천왕성, 해왕성)과
마찬가지로, 이 행성들은 태양이 처음 생겨났을 때 에워싸고 있던
원반에서 만들어졌을 거예요. 한 이론에 따르면, 시간이 지나며
먼지와 가스로 구성된 원반에서 작은 암석이 생겨났어요.
그것들은 서로 충돌하거나 달라붙다가 결국 합쳐지며 더 커졌지요.

태양과 가까운 수성, 금성, 지구, 화성은 크기가 작고 주로 암석과
금속으로 이루어져 있어요(암석형 행성). 이와 같은 물질들로 이루어진 이유는
보다 멀리 떨어진 다른 행성들(기체형 행성)이 형성되는 데 쓰인 얼음 성분이,
막 태어난 태양의 열기 가까이 있는 암석형 행성들에서는 살아남지 못했기
때문으로 보고 있지요.

실제와는 다르지만 아래 색상들은 수성의 표면을 이루는 광물들을 나타내요.

지름이 4,879킬로미터인 수성은
태양계에서 가장 작은 행성이에요.

수성

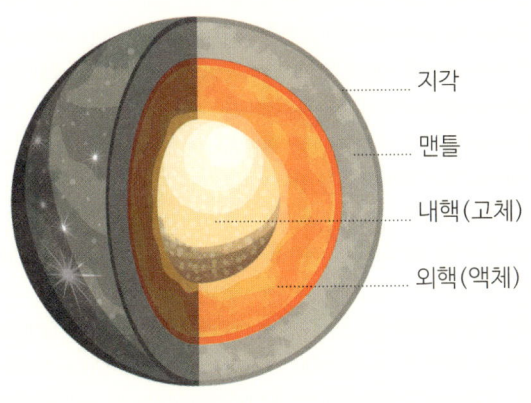

- 지각
- 맨틀
- 내핵(고체)
- 외핵(액체)

수성 내부

수성의 이름(Mercury)은 로마 신화에 나오는 발 빠른 심부름꾼 신에게서 따왔어요. 수성이 태양을 공전하는 데 단 88일이 걸리므로 알맞은 이름이라고 할 수 있지요. 수성은 태양에서 가장 가까운 행성으로, 표면이 섭씨 430도에 이를 만큼 뜨거워요. 단단한 지각에는 소행성이나 혜성과 충돌한 흔적이 남아 있고, 둥근 표면 전체가 수많은 구덩이로 덮여 있지요. 그런데 이토록 뜨거운 수성에 놀라운 사실이 있답니다. 극지방의 깊은 구덩이에 태양 빛이 닿지 않는 곳이 있는데, 거기에 얼음이 있다는 사실이지요!

2019년에 수성이 태양을
가로질러 이동했던 모습이에요.
수성은 검은 점으로 작게 보여요.

수성의 태양면 통과

수성과 금성은 태양계 안쪽에서 태양 주위를 돌고 있어요.
지구에서 바라볼 때 이 행성들은 태양의 표면 위로
갑작스레 나타나기도 하지요. 이를 '태양면 통과'라고 해요.
수성이 태양면 앞으로 지나가는 현상은 매우 드문데, 가장 최근은
2019년이었고 2032년에 나타날 예정이에요.

천문학자들은 이 현상을 통해, 태양계에서 멀리 떨어진 다른 별이나
그 주위를 도는 외계 행성을 찾곤 해요. 이때 특별한 우주 망원경으로
멀리 떨어진 별들의 밝기를 기록하지요. 별의 밝기가 잠시 줄어들면
통과 현상이 일어났다는 신호일 수 있어요. 별 앞으로 행성이 지나가며
별빛을 살짝 차단했기 때문이지요.

태양을 절대로 직접 쳐다보지 마세요!

1629년에 요하네스 케플러라는 독일 천문학자가
수성의 태양면 통과를 최초로 예언했어요.

칼로리스 분지가 생길 당시 충격이
너무 커서 반대편에 산이 만들어질 정도였어요.

칼로리스 분지

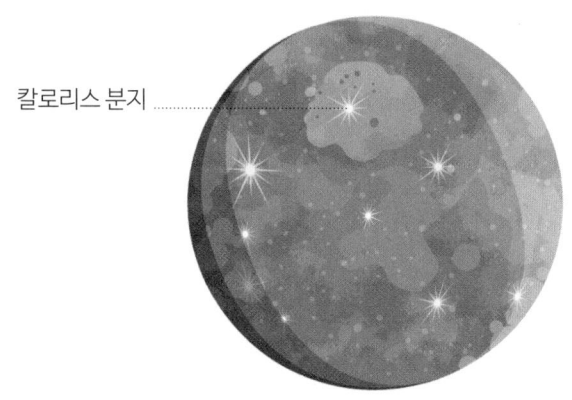

칼로리스 분지

이 사진은 수성 표면의 모습이에요. 가운데 커다란 원이 있네요.
여러분이 이 놀라운 풍경을 이해하려는 과학자가 되었다고 상상해
보아요. 수성 표면에 왜 이것이 생긴 걸까요? 그리고 그 안쪽에 있는
훨씬 작은 구덩이들은 이 둥근 모양이 생성되기 이전에 있었을까요?
아니면 이후에 생겨났을까요?

둥근 모양이 거대한 소행성과 같은 천체와 충돌해 생긴 것이라고
대답한다면 정답이에요! 이를 칼로리스 분지라고 하는데, 대한민국 면적의
다섯 배가 넘는답니다. 작은 구덩이들은 칼로리스 분지의 지형 위에
있기 때문에 이후 생긴 것이 확실하고요. 이런 식으로 사실을 밝혀내는 작업이
태양계의 비밀을 풀어내기 위해 과학자들이 항상 하는 일이랍니다.

칼로리스 분지는
수백 개의 작은 운석
구덩이들로 덮여 있어요.

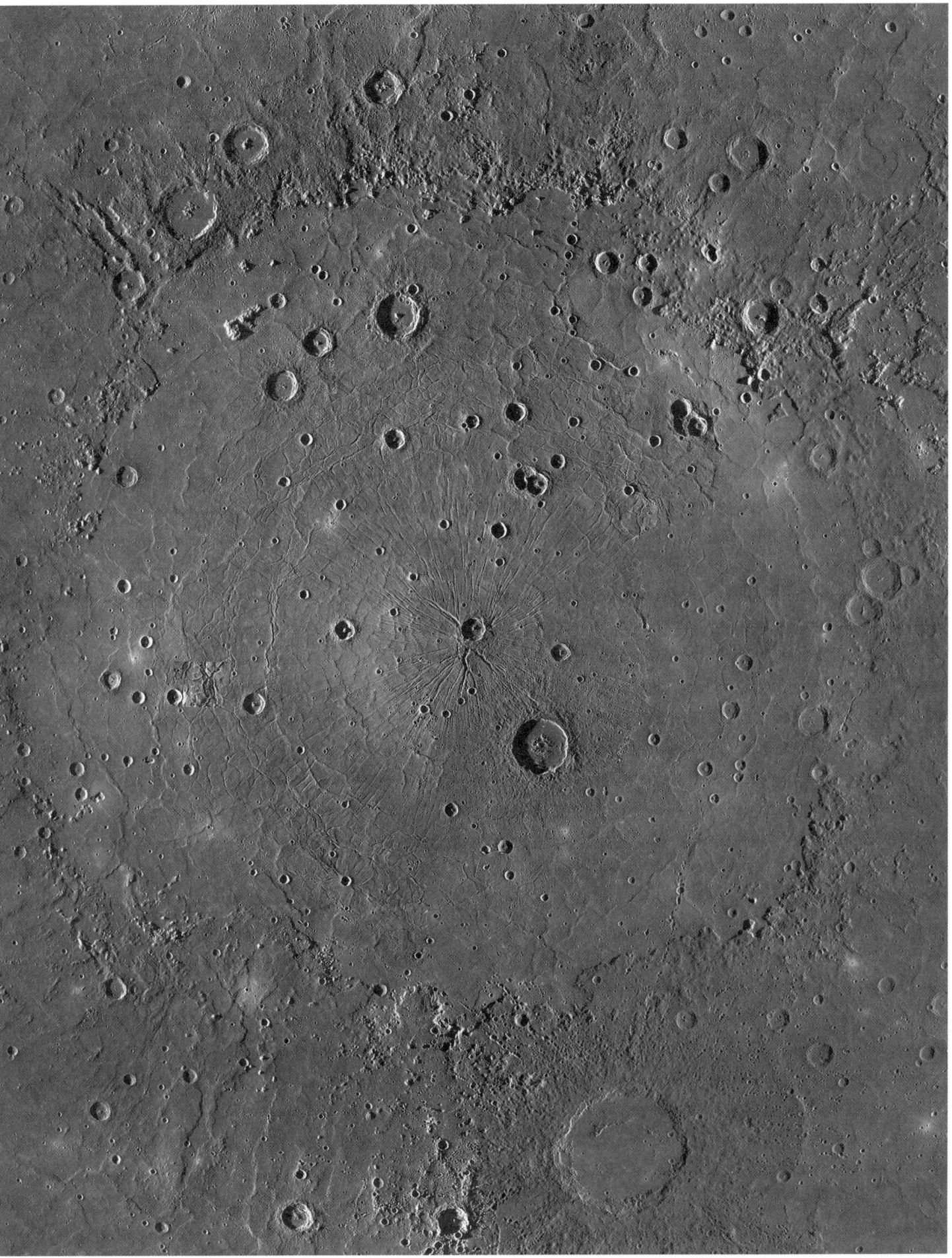

금성

금성은 지구 밤하늘에서 달에 이어
두 번째로 밝아요.

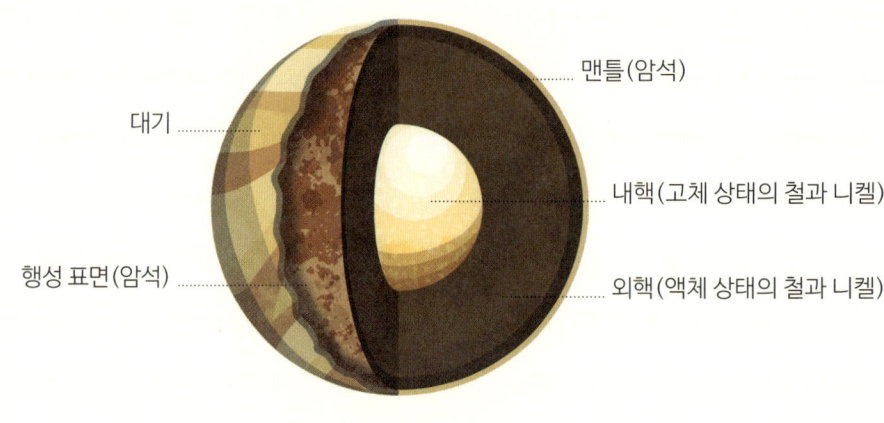

금성 내부

금성은 지구에서 최대 2억 6,100만 킬로미터 떨어진 곳에 있지만 변함없는 우리 이웃 행성 중 하나예요. 금성과 지구는 크기가 거의 같아서 쌍둥이 행성이라고 부르기도 하지만, 둘의 역사는 많이 다르지요.

일부 과학자들은 먼 옛날 금성에 액체 상태의 바다가 있었다고 생각해요. 그러나 오래전에 사라졌고 오늘날 남아 있는 것은 두꺼운 구름으로 뒤덮인 화산 지형이 전부예요. 금성 표면에 대해 알려진 정보는 대체로 이곳을 방문한 몇 안 되는 우주 탐사선이 밝혀낸 것이에요. 그중 일부는 실제로 금성 표면까지 내려가, 섭씨 460도의 뜨거운 온도와 유독성 대기로 인한 엄청난 압력을 겪어 냈지요.

과학자들은 금성이 구름 아래에서 이렇게 보인다고 생각해요.

금성에서 가장 높은 화산 중 하나는 이집트 진리의 여신인
마아트(Ma'at)의 이름을 따서 마아트 몬스(Maat Mons)라고 불러요.

금성의 화산

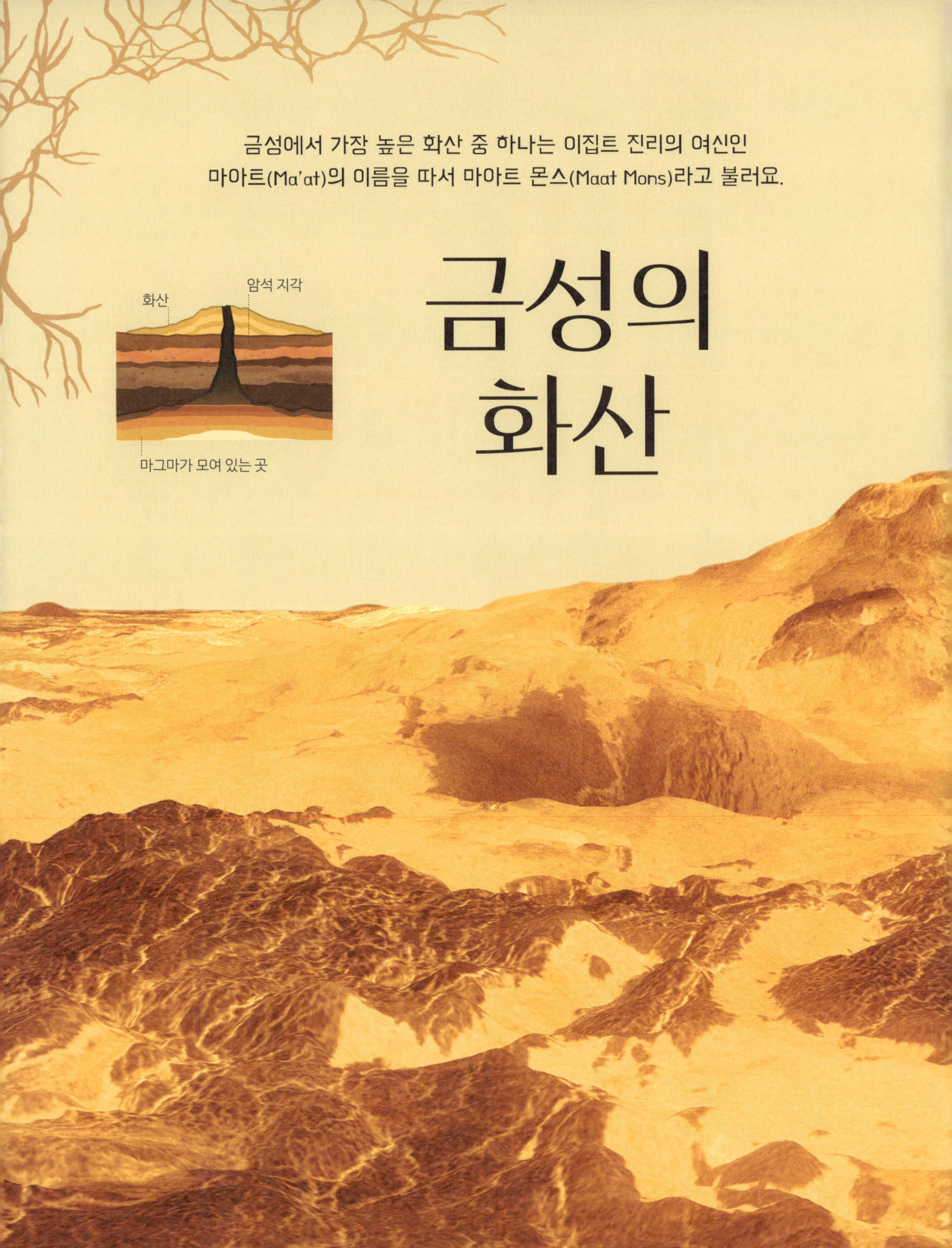

화산 · 암석 지각 · 마그마가 모여 있는 곳

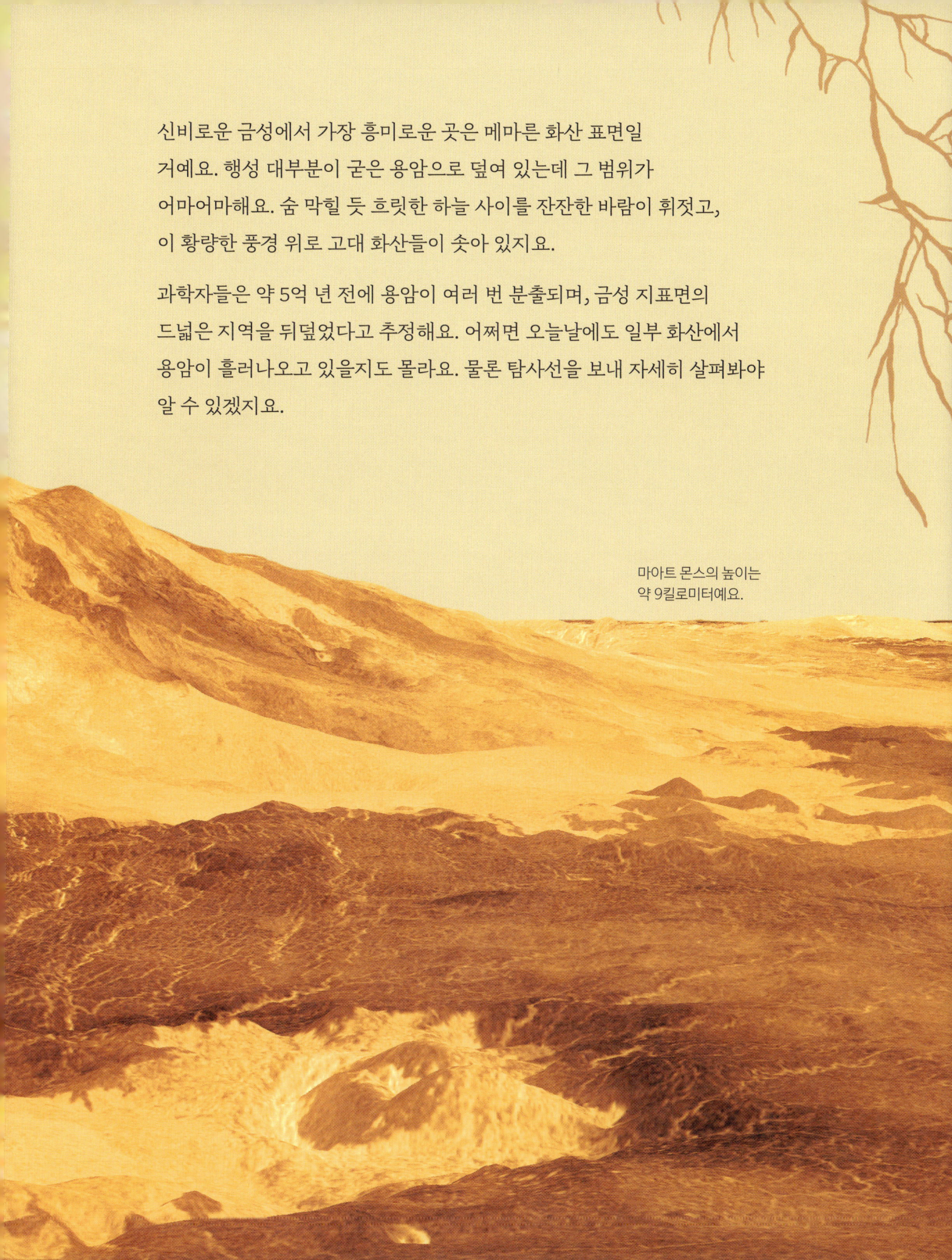

신비로운 금성에서 가장 흥미로운 곳은 메마른 화산 표면일 거예요. 행성 대부분이 굳은 용암으로 덮여 있는데 그 범위가 어마어마해요. 숨 막힐 듯 흐릿한 하늘 사이를 잔잔한 바람이 휘젓고, 이 황량한 풍경 위로 고대 화산들이 솟아 있지요.

과학자들은 약 5억 년 전에 용암이 여러 번 분출되며, 금성 지표면의 드넓은 지역을 뒤덮었다고 추정해요. 어쩌면 오늘날에도 일부 화산에서 용암이 흘러나오고 있을지도 몰라요. 물론 탐사선을 보내 자세히 살펴봐야 알 수 있겠지요.

마아트 몬스의 높이는 약 9킬로미터예요.

금성의 이름 비너스(Venus)는
로마의 신들 중 사랑의 여신에게서 따왔어요.

금성의 구름

밤하늘에 눈부시게 빛나는 금성은 다른 행성보다 밝아서
눈에 잘 띄어요. 무엇이 금성을 그토록 아름답게 빛나게 할까요?
정답은 이 사진에 있어요. 금성의 구름꼭대기가 누르스름한
흰색이기 때문이지요.

금성 탐사선에서 보내 온 사진에는 행성을 가로질러 뻗은
거대한 구름이 보여요. 이 물결치는 구름은 아름답기는 하지만
황산으로 가득 차 있어요. 그리고 이산화탄소로 덮인 숨 막힐 듯한
대기에 떠 있지요. 구름꼭대기 층에서는 강한 산성 빗방울이 떨어지지만,
너무 뜨거워서 땅에 닿기 전에 증발해요.

금성의 구름은 열을
가두어요. 그리하여
금성은 태양계에서
가장 뜨거운 행성이
되었지요.

화성에서 소용돌이치는
거대한 먼지 폭풍
사진이에요.

화성

지각(철이 풍부함)

핵(금속)

맨틀(암석)

화성 내부

태양에서 더 먼 곳으로 여행하는 동안, 우리는 인간이 언젠가 갈 수 있는 또 하나의 행성을 지나요. 바로 화성이에요. 수 세기 동안 인간은 이 작은 세계를 바라보며 그곳에 어떤 경이로움이 있을지 상상해 왔어요. 오늘날에는 이전 어느 시대보다도 이 '붉은 행성'에 대해 더 많이 알고 있지요.

이 글을 읽고 있는 지금도, 카메라가 달린 우주선이 화성 위를 공전하며 극적인 장면을 찍고 있어요. 그러는 동안 탐사선이나 착륙선은 모래와 암석으로 이루어진 표면 일부를 살필 테지요. 화성은 바람 부는 평원으로 덮여 있고, 거대한 협곡과 화산 봉우리도 있다는 사실이 밝혀졌어요. 그러나 그곳 암석과 계곡들은 화성이 늘 그렇게 황량하고 먼지만 가득한 곳은 아니었다는 사실을 드러내지요. 한때는 이곳에 생명체가 존재했을까요?

화성(Mars)의 이름은 로마 신 중 전쟁의 신에게서 따왔어요.
화성의 붉은색이 피를 떠올리게 하니까요.

매리너 계곡

미래에 우주 비행사들이 화성을 여행하게 되었을 때 볼 수 있는 가장 멋진 광경은 매리너(마리너) 계곡일 거예요. 이 거대한 계곡은 화성 표면에 직선 모양으로 움푹 파여 있어요. 행성을 가로질러 2,200킬로미터라는 엄청난 길이로 뻗어 있지요. 이 계곡이 어떻게 생성되었는지 오늘날까지도 수수께끼로 남아 있어요. 과학자들마다 여러 의견이 있는데, 그중 하나는 화성의 지각이 갈라지면서 넓은 면적이 아래로 푹 꺼졌다는 것이에요.

매리너 계곡은 머리카락이 곤두설 정도로,
무려 10킬로미터에 이르는 땅이 내려앉아 있어요.
이에 비하면 지구의 그랜드 캐니언은 아주 작아 보이지요.

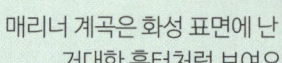

매리너 계곡은 화성 표면에 난
거대한 흉터처럼 보여요.

올림푸스 몬스

올림푸스 몬스는 멀리서는 평평해 보이지만
실제 높이는 에베레스트 산의 2배가 넘어요.

올림푸스 몬스

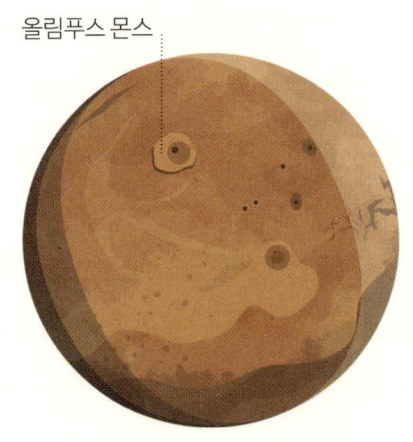

멋진 화산에 관한 한 화성이 으뜸이에요. 화성의 거대한
화산인 올림푸스 몬스는 방패를 엎어 놓은 모양으로(방패 화산),
바닥이 매우 넓고 경사가 완만하지요. 올림푸스 몬스는 지구상의
어떤 화산보다도 훨씬 커요. 바닥에서부터 정상까지 서서히 높아지며
21.9킬로미터로 솟아 있지요. 폭은 약 640킬로미터에 이르는데
제트 여객기가 이곳을 가로질러 날아간다면 40분 이상 걸릴 거예요.
올림푸스 몬스는 약 36억 년 전에 생성된 것으로 보여요. 그때
이 붉은 행성 내부에서 엄청나게 많은 용암이 흘러나왔겠지요.

올림푸스 몬스 정상에
있는 분화구의 크기는
제주도의 1.5배만 해요.

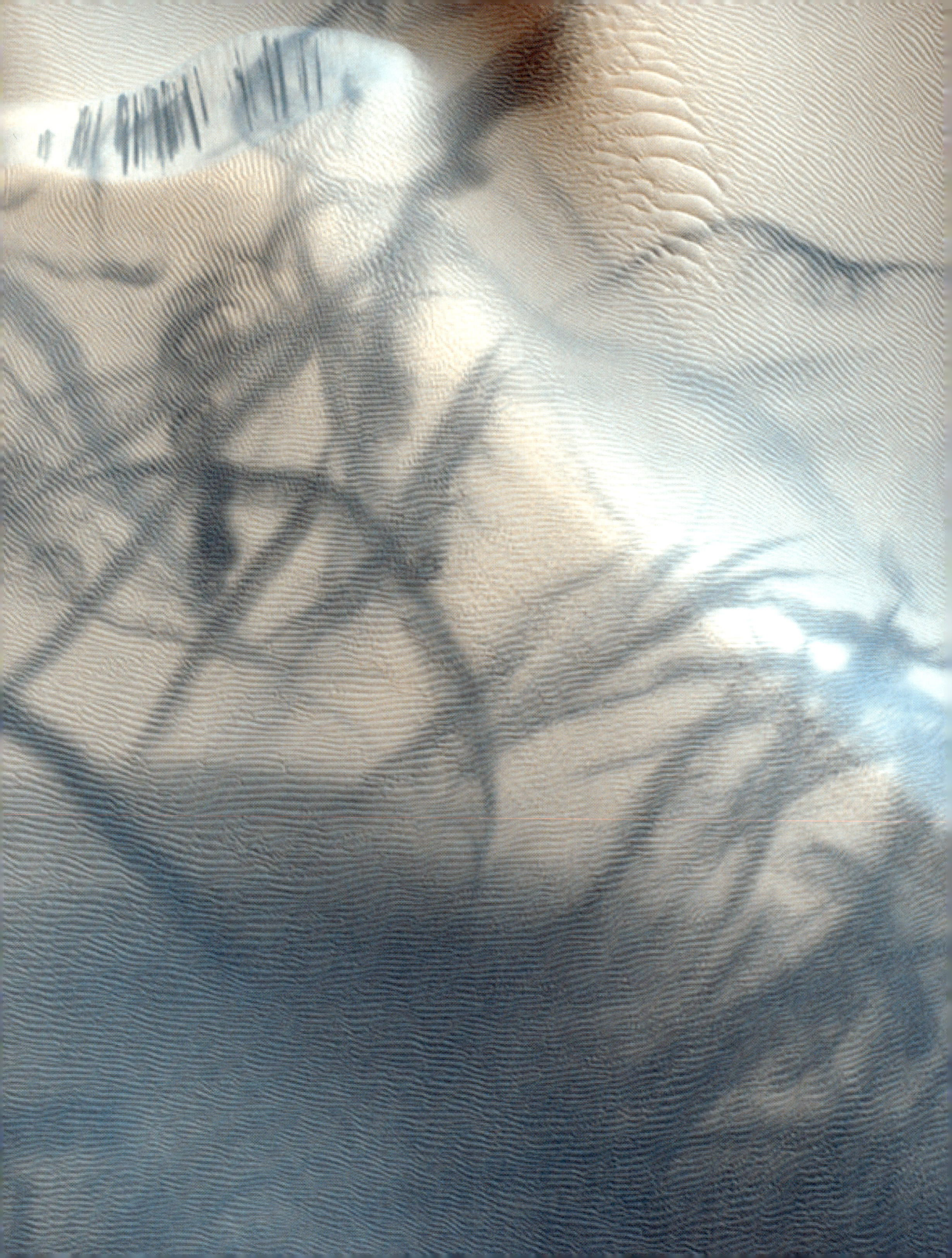

화성의 먼지바람

화성 표면에 있는 이 이상한 흔적들을 보세요. 마치 누군가가 낙서를 해 놓은 것 같지요. 먼지 악마(Dust Devils)라고도 불리는 회오리 모양 먼지바람이 땅 위를 휘젓고 지나간 흔적을 남긴 거예요. 여러 우주선이 화성을 가로질러 날아가는 동안 이런 회오리바람을 포착했어요.

화성 하늘에 가끔 먼지 폭풍이 일어난다는 사실도 알려져 있어요. 거대한 먼지 폭풍이 화성 대기를 휘저어 온통 어두운 갈색으로 뒤덮어 버리지요.

화성에 부는 바람은 화성 탐사선 태양 전지판에 쌓인 먼지를 깨끗이 날려 보내기도 해요.

'먼지 악마'는 먼지로 가득한 화성 표면에 어두운 자국을 남겨요.

니르갈 발리스라고 불리는 옛날 화성의 물길을 내려다본 모습이에요.

화성의 물

여러분이 어떻게든 안전하게 화성 위를 가로질러 걷는다고 상상해 보아요. 아마 그곳에서 작은 바람 소리나, 가끔씩 몰아치는 먼지 폭풍 소리만 들을 수 있겠지요. 그러나 수십억 년 전에는 부서지는 파도 소리나, 바위 사이로 콸콸 흐르는 강물 소리도 들렸을 거예요.

이렇게 생각하는 이유는 화성에 많은 물이 존재했고, 그것이 흘러 화성 표면을 어떻게 변화시켰는지 드러내는 단서를 찾았기 때문이에요. 화성 궤도를 도는 우주선은 말라 버린 강바닥과 호수 사진을 찍었고, 땅 위의 탐사선은 물이 많은 환경에서 생겨난 것이 확실한 암석과 광물들을 발견했답니다.

아주 오래전에는 화성이 이런 모습이었을 거예요!

화성 북반구는 한때 큰 바다가 있었을 거예요.

화성 탐사

화성이 붉은 이유는 토양에 산화된 철 성분이 있기 때문이에요. 녹슨 철이 붉은색을 띠는 것처럼요.

누군가 화성에 최초로 간다면 우리 고향 지구와 어느 정도 비슷하다고 생각할 수도 있어요. 바위투성이 언덕과 가파른 산들이 적갈색 토양 위로 어렴풋이 드러나고, 사막 같은 벌판을 가로지르는 골짜기와 거대한 모래 언덕이 수평선까지 뻗어 있으니까요.

그렇지만 뿌연 하늘 아래에서 곧 이 붉은 행성이 지구와 얼마나 다른지 깨달을 거예요. 그곳에서는 태양의 가혹한 자외선으로부터 몸을 보호해야 할 것이고, 구덩이로 울퉁불퉁한 지형을 가로질러 가야 하니까요. 미국 항공 우주국(NASA)의 큐리오시티 탐사 차량은 수년 동안 화성을 돌아다니며 대기와 지질을 조사했어요. 로봇을 이용한 미래의 임무는 화성 표면 아래로 깊이 파고들어 가, 생명체가 살기에 적합한 조건인지 알아내는 것이 될 거예요.

큐리오시티 탐사 차량은 화성의 상태를 확인하기 위해 2012년에 상륙했어요.

데이모스

포보스와 데이모스는
로마 전쟁의 신의 마차를 몰던
말 이름을 따온 것이에요.

화성의 위성들

화성은 포보스와 데이모스라는 두 위성을 거느리고 있어요.
둘 중 더 큰 포보스의 지름은 약 23킬로미터, 데이모스의 지름은
약 12킬로미터예요. 과학자들은 이 두 위성이 어디에서 왔는지
확신하지 못해요. 화성의 중력에 이끌린 우주 암석일 수도 있고, 아니면
아주 오래전 화성 표면에 충돌한 거대한 소행성의 파편일 수도 있어요.
이 위성들은 울퉁불퉁하고 이상하게 생겼어요. 태양계 다른 위성들처럼
둥근 모양을 유지하려면 우선 스스로의 중력이 커야 하고 덩치도
커야 하지요. 하지만 이 위성들은 그만큼 충분히 크지 않기 때문이에요.
포보스는 화성 주위를 돌면서 아주 조금씩 화성 쪽으로 이동하고 있어요.
그러다 약 3000만 년 후에는 화성 표면에 떨어질 수도 있어요.
이 모습을 본다고 상상해 보세요!

베스타

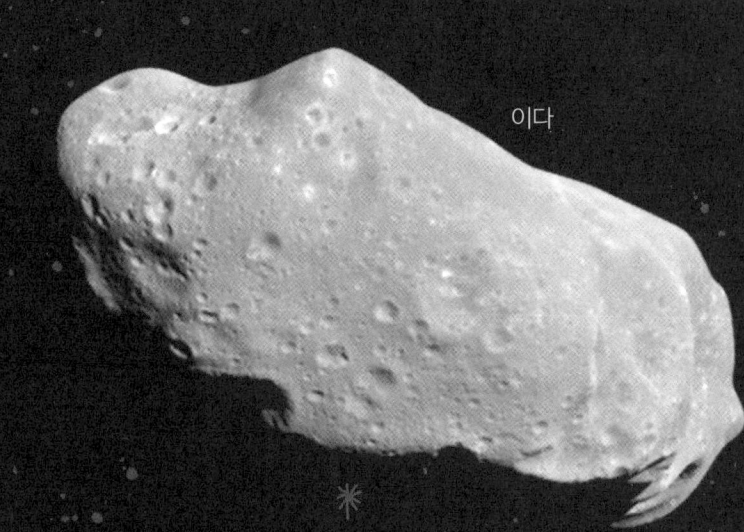
이다

소행성

태양계가 소행성이라는 수천 개의 울퉁불퉁한 천체들로
가득 차 있다는 사실을 아나요? 소행성은 행성이 되지 못하고
남은 물질이에요. 암석으로 된 것도 있고 여러 종류의 금속으로
이루어진 것도 있어요. 태양계의 수많은 소행성들이 화성과 목성 사이에
모여 있는데 이를 소행성대라고 해요. 소행성대는 태양을 중심으로
거대한 고리 모양을 이루고 있지요. 그러나 다른 많은 소행성들이
태양계 여기저기에 흩어져 있답니다. 아마도 아직까지 발견하지 못한
소행성이 소행성대 밖에 더 있을 거예요.

행성 궤도
에로스
소행성대
베누

미국 항공 우주국은 소행성 베누에 우주선을 보내, 토양 샘플을 채취하고 지구로 가져오도록 했어요.

세레스

세레스는 태양계에 있는
다섯 개의 왜소행성 중 하나예요.

얼음으로
뒤덮인 표면

소금기 있는 얼음

화성과 목성 사이의 소행성대에는 지구와 같은 암석형 행성이 어떻게 형성되었는지 그 단서가 되어 줄 곳이 있어요. 바로 세레스로, 소행성대의 다른 울퉁불퉁한 천체들에 비해 훨씬 클 뿐 아니라 모양도 둥글지요.

과학자들은 세레스에 푹 빠져들었어요. 지표면 아래 엄청나게 많은 얼음이 있다는 사실을 알아냈고, 운석 구덩이에서 소금 성분을 확인했거든요. 즉 바다의 흔적을 발견한 거예요. 그렇다면 세레스를 연구함으로써 우리 행성 지구에 어떻게 바다가 생겨났는지 단서를 찾을 수 있을 거예요. '아후나 몬스'라는 화산도 세레스의 특징 중 하나예요. 이 거대한 얼음 화산은 암석이 녹아 만들어진 게 아니라 소금물이 분출돼 생겨났어요.

아후나 몬스는 2015년에 미국 항공 우주국의 돈(Dawn) 탐사선이 발견했어요.

목성

기체형 행성
(목성형 행성)

소행성대의 파편들 너머에는 태양계의 거대한 행성인 목성, 토성, 천왕성, 해왕성이 있어요. 이 네 행성은 주로 수소와 헬륨으로 이루어진 두꺼운 대기가 있고, 엄청난 거리에 자리하고 있어요. 일부 과학자들은 수십억 년 전에 이 거대한 가스 행성들이 태양계를 이리저리 떠돌아다녔다고 보아요. 그러면서 태양 주위를 돌던 행성들의 궤도가 이동했고, 일부는 심지어 위치가 바뀌었을 수도 있다고 하지요. 이런 엄청난 변화로 소행성이나 다른 작은 천체들이 흩어지며, 오늘날 망원경으로 볼 수 있는 네 행성들만 남게 되었답니다.

태양

암석형
(지구형)
행성

목성

토성

천왕성

해왕성

토성

천왕성

해왕성은 가장 작은
기체형 행성임에도 지구보다
4배 가까이 크지요.

해왕성

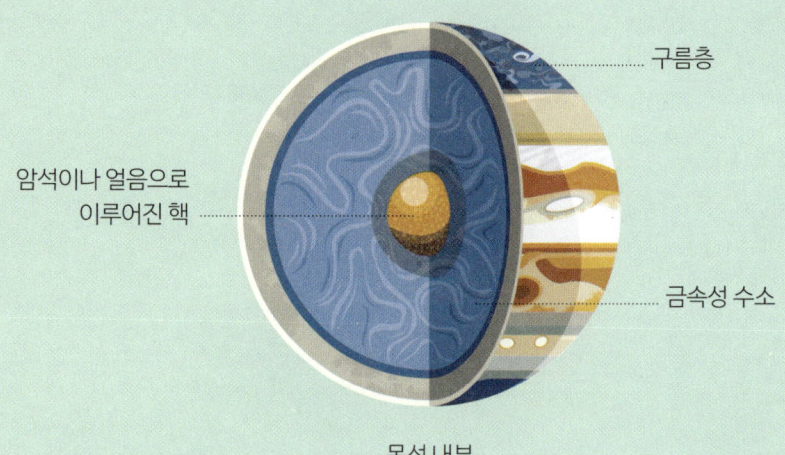

목성의 구름을 보세요.
돌고래 모양이 숨어 있는데
찾을 수 있나요?

구름층

암석이나 얼음으로
이루어진 핵

금속성 수소

목성 내부

목성

목성은 태양계에서 가장 큰 행성이에요. 목성의 지름은 지구 11개를 놓을 수 있을 정도로 엄청나게 길지요. 그래서 목성이 지구에서 멀리 떨어져 있음에도, 밤하늘의 빛나는 별처럼 보이는 거예요.

성능이 좋은 쌍안 망원경으로 정말 주의 깊게 관찰하면 목성의 가장 큰 네 위성인 이오, 유로파, 가니메데, 칼리스토를 발견할 수 있어요. 그 위성들은 매우 작은 별빛처럼 보일 거예요. 목성 주위를 돌면서 밤마다 위치를 바꾸기 때문에 지구에서 네 위성 모두가 동시에 보이지 않을 때도 있고요. 오늘날에는 목성 궤도를 돌고 있는 위성이 최소 79개가 있다는 사실이 알려져 있어요. 그러나 아직까지 아무도 발견하지 못한 다른 작은 위성들이 더 있을 수도 있답니다!

이오

목성의 하루는 단 10시간이에요.
자전 속도가 너무 빨라서
가운데 적도 부근이 부풀어 올라요.

목성의 대기는 주로 수소와 헬륨으로 이루어져 있지만
냄새 나는 암모니아 같은 다른 기체들도 포함되어 있어요.

목성의 구름

여러분이 목성 위를 날아 구름을 내려다볼 수 있다고 상상해 보세요.
거대한 소용돌이와 밝고 은은한 잔물결이 멀리까지 뻗어 있을 거예요.
어떤 구름들은 아주 높이 솟아올라 그 아래 구름층에 엄청나게
큰 그림자를 드리울 것이고요. 충분히 오래 관찰한다면 대기 전체가
이리저리 흘러 다니는 것도 보일 거예요. 상상 속의 우주선을 타고
더 높이 올라가면, 둥근 목성 전체에 줄무늬가 있음을 알게 될 거예요.
바로 목성의 대기인데 줄무늬의 밝은 부분을 대, 어두운 부분을 띠라고
하지요.

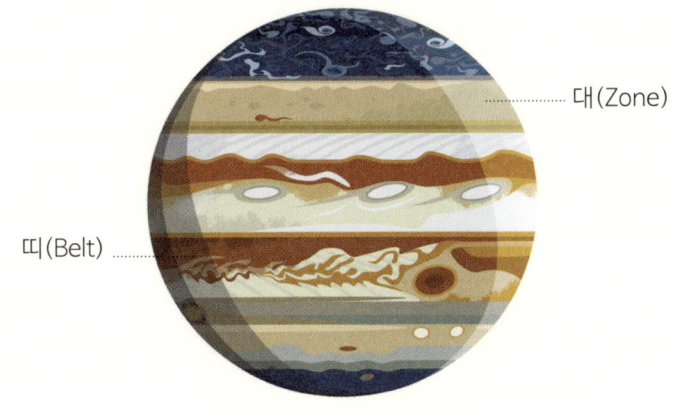

대(Zone)

띠(Belt)

이 다채로운 모습은
목성 북반구의
구름이에요.

목성의 붉은 소용돌이

목성 이름은 로마 신화에 나오는 '신들의 왕' 주피터(Jupiter)에서 따왔어요. 그는 하늘과 번개의 신이기도 해요.

목성의 두꺼운 대기는 휘몰아치는 거대한 소용돌이가 셀 수 없이 일어나는 폭풍의 고향과 같아요. 빠르게 일다가 사라지는 작은 것에서부터 몇 달, 심지어는 몇 년 동안 지속되는 거대한 폭풍까지 갖가지 크기가 있어요. 목성에서 일어나는 가장 큰 폭풍은 태양계에서 가장 악명 높지요. 그 소용돌이를 대적점이라고 하는데 '거대한 붉은 점'이라는 뜻이에요. 이 이름처럼 지구보다 더 큰 붉은 소용돌이가 180년 이상, 어쩌면 그보다 더 오랫동안 무시무시하게 몰아치고 있었던 것이에요!

수년에 걸쳐 대적점은 크기와 모양이 다양하게 나타났어요.

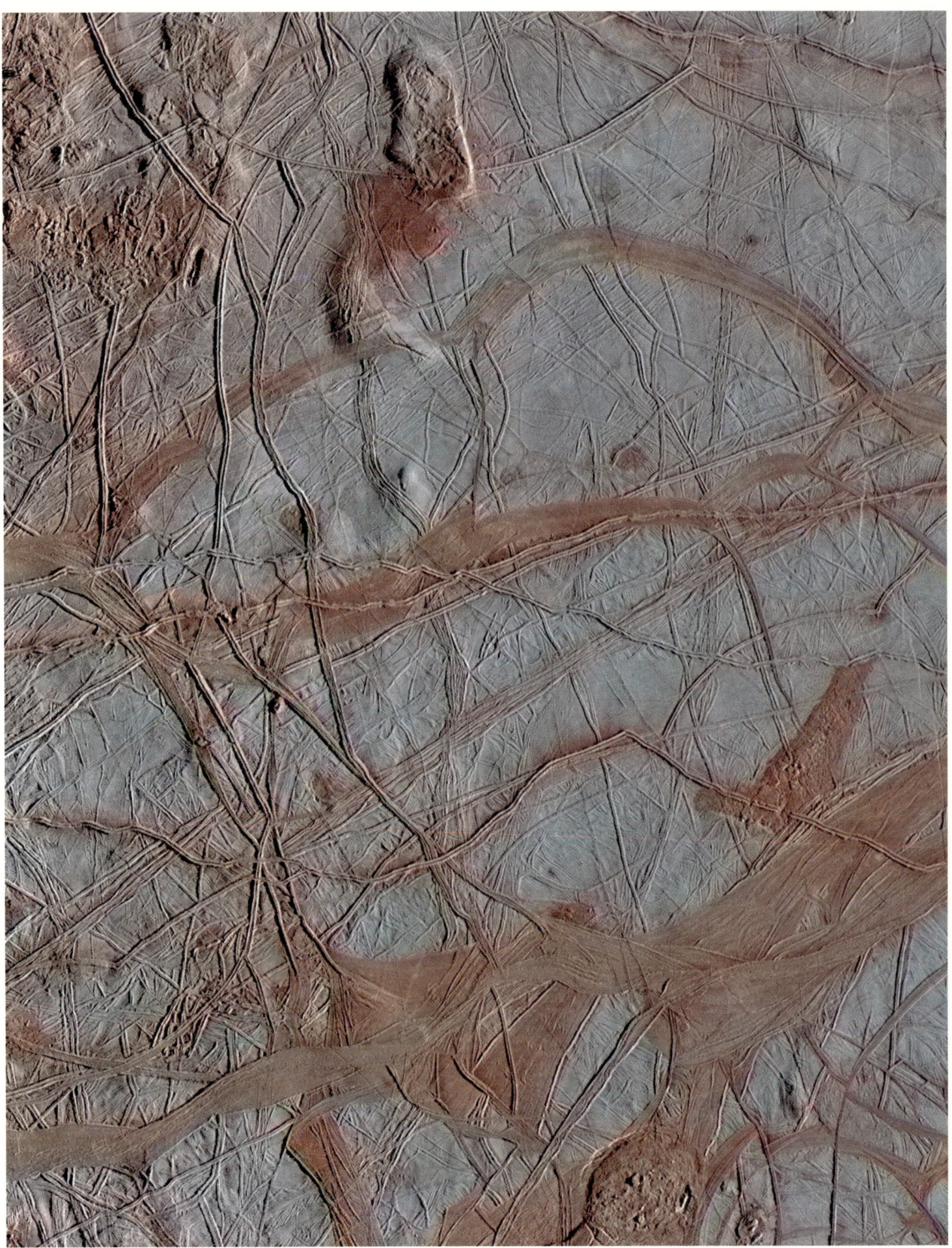

유로파

유로파의 얼음 지각 일부는
지구의 가장 깊은 바다보다 더 깊을 수도 있어요.

목성의 위성인 유로파는 무척 흥미로운 곳이에요. 1610년에 이탈리아의
갈릴레오 갈릴레이가 망원경으로 처음 발견했지요.
그래서 '갈릴레이 위성'이라 부르는, 그가 발견한 4개의 위성 중
하나예요. 유로파의 표면은 충돌로 생긴 구덩이가 적어 매끄러우며
두꺼운 얼음으로 덮여 있어요. 얼어붙은 표면에는 거대한 균열이
가로질러 나 있고, 특이한 적갈색 자국이 있지요. 과학자들은
그것이 무엇인지 아직 밝혀내지 못했어요.

유로파의 갈라진 표면 아래에는 액체 상태의 물 층이 있는 것으로
보여요. 그래서 우주 생물학자(우주의 다른 세계에 생명체가 존재할 수 있는지
여부와 그 방법을 연구하는 사람)들은 이 위성에 호기심을 느끼지요.
얼음 아래 이 어둡고 먼 바다에 과연 생명체가 존재할 수 있을까요?

유로파의 갈라진
표면 사진이에요.

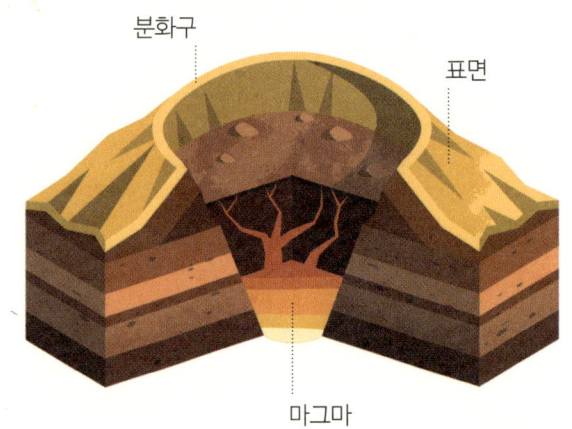

이오와 화산들

목성의 위성인 이오를 가로질러 걷는 상상을 해 볼까요? 아마 특별히 즐거운 경험이 되지는 않을 거예요. 이오가 유난히 밝은 노란색인 이유는 황이라는 냄새 나고 독성이 있는 화학 물질 때문이에요. 격렬한 화산 활동으로 생겨난 것이지요.

보다시피 이오는 많은 화산들로 둘러싸인 위성이에요. 그중 일부는 지금도 활동하며 용암을 내뿜고 있겠지요. 목성과 그 주변 위성들을 방문했던 탐사선들은 이오 표면에 용암이 들끓는 구덩이가 있으며, 유황 가스를 우주로 분수처럼 뿜어내는 화산 폭발이 일어난다는 사실을 밝혀냈어요. 여러분이 태양계를 여행할 계획이라면 이오는 피하는 게 좋겠죠?

목성 탐사선인 갈릴레오 호는
이오에서 100개가 넘는 화산을 발견했어요.

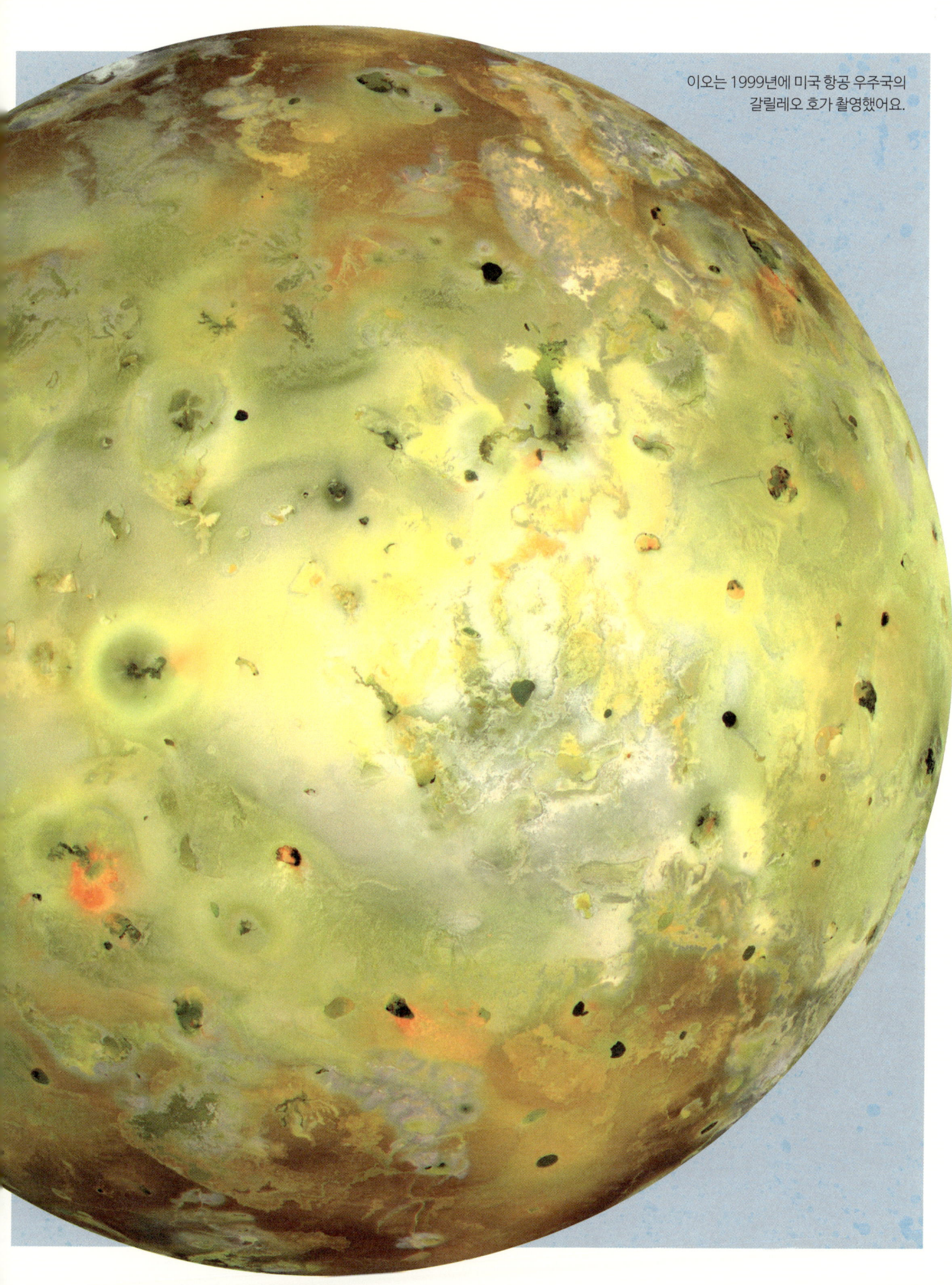

이오는 1999년에 미국 항공 우주국의 갈릴레오 호가 촬영했어요.

칼리스토와 가니메데

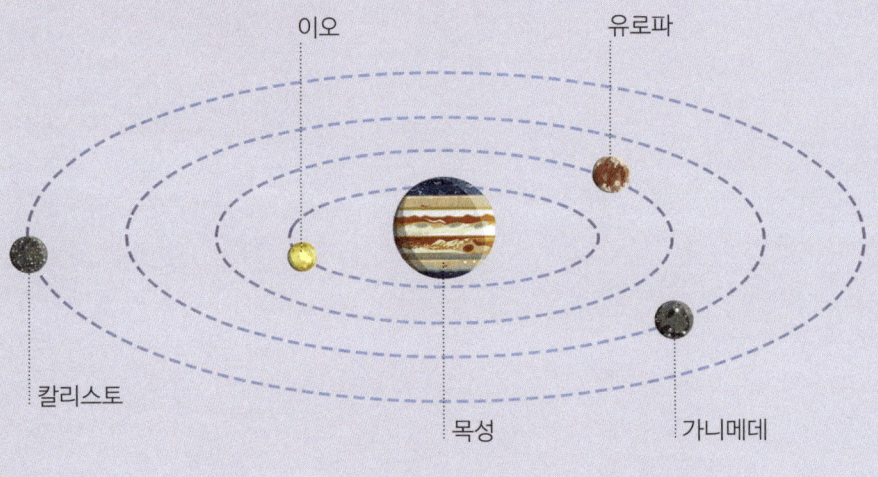

목성과 가장 큰 네 위성들

칼리스토와 가니메데는 목성의 거대한 위성이에요.
태양계에서 가장 큰 위성인 가니메데는 행성인 수성보다도
크답니다! 태양계 이웃 천체들과 마찬가지로 이 두 위성에도
움푹 파인 구덩이가 있어요. 얼핏 보면 둥근 바위 같겠지만
두 위성의 표면은 꽁꽁 얼어붙어 있지요.

과학자들은 이 위성들을 연구하려고 2023년 목성으로 우주선을
보내기로 했어요. 가니메데와 칼리스토가 무엇으로 이루어졌는지,
그 얼어붙은 표면 아래에는 무엇이 있는지 비밀을 풀 거예요.
나아가 이 위성이나, 다른 비슷한 곳에 생명체가 존재할 수
있는지도 밝힐 수 있을 거예요. 이 임무의 이름은 주스(JUICE),
즉 목성의 얼음 위성 탐험(JUpiter ICy moons Explorer)이랍니다!

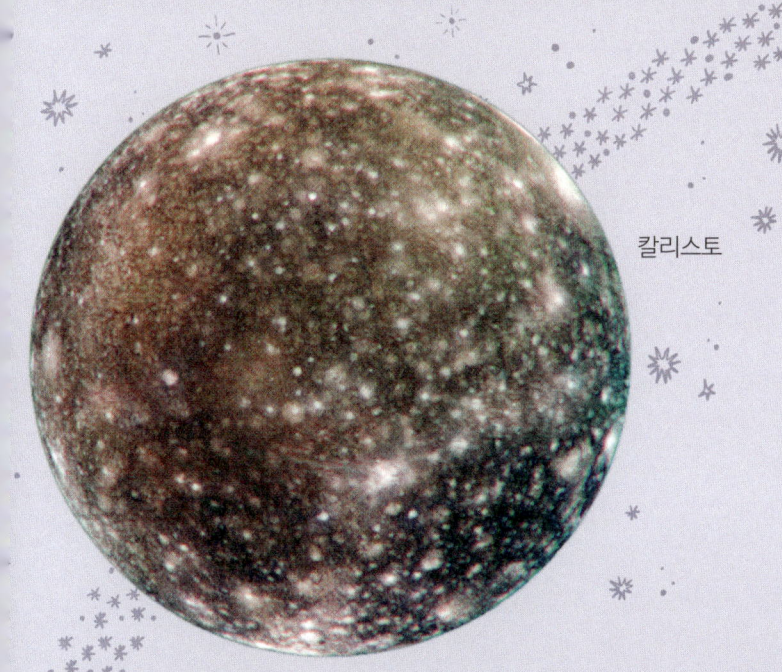
칼리스토

칼리스토와 가니메데의 지하 깊은 곳에 액체 상태의 바다가 있을 수도 있어요.

가니메데

.... 엔셀라두스

...... 테티스

지구와 마찬가지로 토성과 목성
모두 극지방에 오로라가 나타나요.

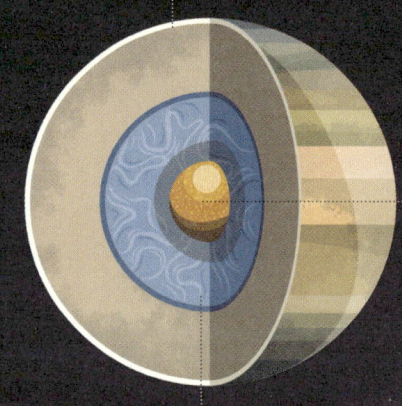

수소와 헬륨

암석과 얼음으로
이루어진 핵

금속성 수소

토성 내부

보기 드문 이 토성 사진은 태양이 행성 뒤에 위치하는 동안에 찍힌 것이에요.

토성

아주 아름다운 고리로 둘러싸인 토성은 태양계에서 두 번째로 큰 행성이에요. 이웃인 목성과 마찬가지로 대부분 기체로 이루어진 거대한 행성이며, 내부에는 얼음과 암석으로 된 핵이 있어요. 토성은 매우 크지만 밀도가 높지는 않아요. 만약 토성이 들어가기에 충분한 수영장이 있다면, 토성은 물에 둥둥 떠 있을 거예요.

토성의 위성은 82개로 알려져 있어요. 태양계에서 가장 많은 위성을 거느리고 있지요. 위성 중에는 엔셀라두스(94쪽 참고)처럼 둥근 모양도 있지만 매우 이상하게 생긴 것도 있어요. 토성 고리의 가장자리 가까이서 우아하게 도는 감자 모양 위성이 있는가 하면, 하이페리온처럼 푹신한 스폰지 모양 위성도 있지요.

토성 곁을 도는 위성 일부는
토성의 고리가 제자리에 있을 수 있도록
잡아 주는 역할을 해요.

토성의 얼음 고리

만약 토성 고리의 파편이 여러분 눈앞에 떠 있다면 눈뭉치처럼 보일 거예요. 천문학자들은 이 얼음덩어리들이 정확히 어떻게 토성을 에워싸게 되었는지 밝혀내지 못했어요. 한 가지 의견으로는 그것들이 떠돌아다니는 위성의 부스러기라는 것이에요. 토성 주변을 돌던 위성들은 토성의 기조력(중력의 차이로 발생하는 힘)으로 부서졌을 거예요. 고리를 이루는 덩어리들의 크기는 아주 작은 얼음 알갱이부터 테니스 코트만 한 바위까지 다양하답니다!

더 가까이 다가갈 수만 있다면 토성의 고리가 하나가 아닌, 가느다란 수많은 고리들로 이루어진 것을 볼 수 있을 거예요. 어떤 부분은 촘촘하게 묶인 것처럼 보이는 반면, 고리 사이에 큰 간격이 있기도 하지요. 토성의 주요 고리는 지름이 약 28만 킬로미터에 이르지만, 두께는 말도 안 되게 얇아서 10여 미터밖에 되지 않는 곳도 있어요.

토성의 고리는 너무 얇아서, 옆에서 보면 시야에서 거의 사라져요.

이 사진 속 색깔들은 육각형 구름의 다른 층들을 나타내요.

토성의 육각형 구름

토성의 육각형 구름 중심에 폭풍이 몰아치고 있어요.

토성의 맨 꼭대기, 북극에 화려한 광경이 펼쳐져 있어요.
바로 육각형 구름인데요, 여섯 개의 면이 보이나요?
과학자들은 이 특이한 현상이 대기의 파동으로 생겨났다고 생각해요.
구름이 토성 극지역의 하늘을 지나갈 때, 이 파동이 구름의 흐름을
이끄는 것이지요. 마치 굽은 강바닥 모양이 그 위를 흐르는
물의 방향에 영향을 미치는 것처럼요. 토성의 육각형 중심부를
자세히 들여다본 사진에는 소용돌이치는 폭풍 구름이 높이 솟아 있어요.

**토성 극지역의 육각형 구름은 워낙 커서 지구, 달, 화성을
나란히 맞춰 놓을 수 있을 정도예요.**

타이탄

타이탄의 가장 큰 바다인 크라켄 마레는 신화 속 바다 괴물의 이름에서 따왔어요.

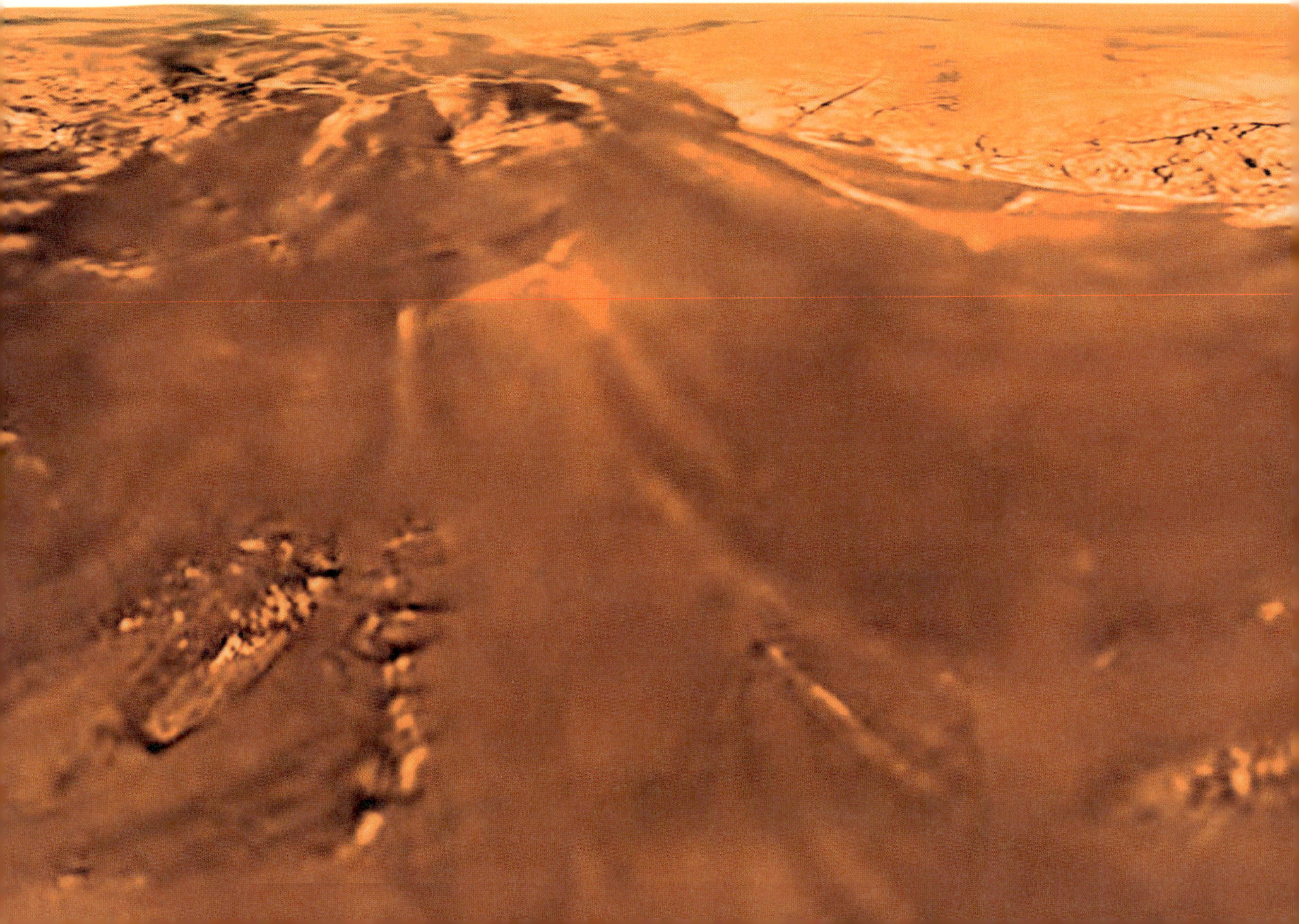

타이탄은 토성의 가장 큰 위성이에요. 대부분 질소로 이루어진 두꺼운 대기 때문에 표면이 잘 보이지 않지요. 뿌연 풍경 아래에는 얼어붙은 언덕과 계곡 그리고 탁 트인 평야가 펼쳐져 있어요.

지구에서는 에탄과 메탄이 보통 기체 상태지만 타이탄에서는 온도가 너무 낮아 표면 위에서 액체가 되고, 거대한 호수로 모여요. 이 액체들이 아마도 강의 수로 같은 구불구불한 모양을 만들어 낸 것으로 보여요. 바로 카시니 우주선에서 발견한 모습이지요. 2005년에는 하위헌스 탐사선이 타이탄 표면에 착륙해 흩어진 얼음 자갈들의 사진을 보냈답니다.

타이탄의 표면은 산등성이와 계곡들로 덮여 있어요.

엔셀라두스

엔셀라두스는 새하얀 표면에, 롤러블레이드를 탄 거대한 무리가 춤추며 지나간 듯한 무늬가 있어요. 하지만 과학자들이 토성의 이 작은 위성에 열광하는 것은 그저 예뻐서가 아니에요. 생명체가 존재할 수도 있는 엔셀라두스의 환경 때문이지요.

이 위성의 주름진 얼음 표면 아래에는 액체 상태의 바다가 있는 것으로 보여요. 그 바다 밑바닥에는 지구에서처럼 뜨거운 바닷물이 솟아나오는 열수구가 있을 수도 있지요. 토성을 돌던 카시니 우주선은 더욱 흥미로운 모습을 발견했어요. 엔셀라두스의 갈라진 얼음 지각 사이로 얼음 입자를 뿜어내는 거대한 분수였어요. 이것으로 이 위성에 생명체가 살 수 있다고 볼 수 있는지 아직은 몰라요. 알아내려면 그곳에 가 봐야겠지요.

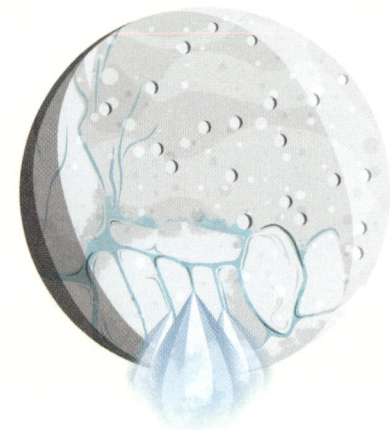

엔셀라두스에서 뿜어내는 얼음 입자들은
토성의 바깥쪽 고리인 'E 고리'를 채우고 있어요.

엔셀라두스의 얼어 있는 하얀 표면에는 갈라진 틈이 있어요.

이아페투스는 토성에서
350만 킬로미터 이상 떨어져
그 주위를 돌고 있어요.
지구와 달 사이의 9배가 넘는 거리예요.

위성의 옆면에
튀어나온 울퉁불퉁한
산맥이 보이나요?

이아페투스

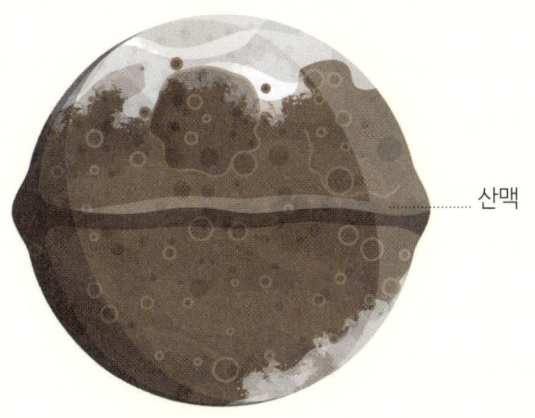
············ 산맥

이아페투스라는 이 토성의 위성 표면에 짙은 얼룩이 생긴 까닭은 무엇일까요? 만일 진흙투성이처럼 보였다면 정답에 가까워요. 과학자들은 표면을 뒤덮은 이 물질을 먼지 성분으로 보거든요. '포이베'라는 토성의 또 다른 위성이 폭발한 뒤에 이아페투스 위로 떨어진 것이랍니다.

이 위성에서 뭔가 이상한 점을 더 찾을 수 있나요? 가운데 적도 부근을 두른 독특한 산맥이 보일 거예요. 이것이 어떻게 생겨났는지는 수수께끼예요. 이아페투스가 생겨난 뒤에 찌그러져 적도 부위가 튀어나왔거나, 아니면 어느 순간 자전 속도가 빨라지며 적도 부근이 부풀어 오른 현상일 수도 있어요. 우주 암석들이 표면에 쌓였을 수도 있고요!

천왕성의 5개 주요 위성 가운데
미란다는 울퉁불퉁한 표면 일부에 걸쳐 있는
거대한 절벽으로 유명한데,
그 높이가 수 킬로미터에 이르러요.

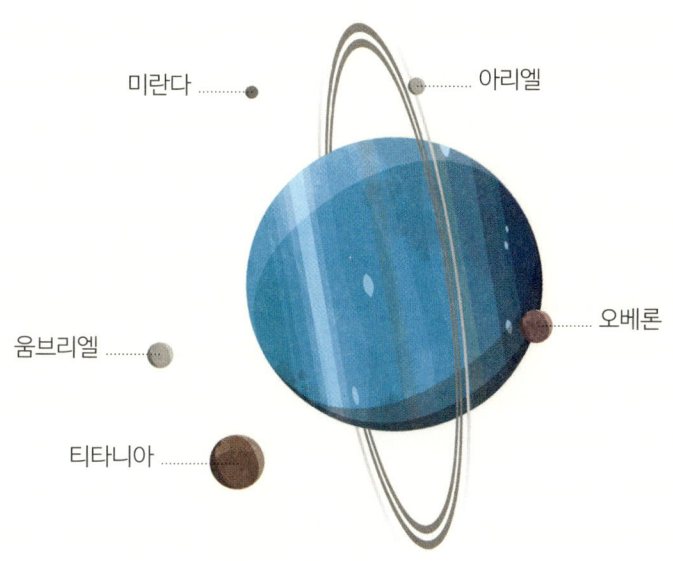

천왕성

태양의 온기로부터 멀리 떨어진 천왕성은 차디찬 우주 깊은 곳을
천천히 움직이고 있어요. 천왕성은 토성처럼 고리가 있고
위성들도 거느리고 있지만, 다른 행성과는 확연히 다른 점이 있어요.
바로 자전축이 심하게 기울어져 있는 것이에요. 그래서 천왕성은
옆으로 누워 있는 채로 태양 주위를 돌고 있지요. 그 이유는 아주 오래전
다른 행성과 큰 충돌이 있었기 때문으로 보고 있어요.
천왕성의 대기는 대부분 수소, 헬륨, 메탄으로 이루어져 있어요.
두꺼운 구름층 아래에 무엇이 있는지 아무도 확실히 알지 못하지만
아마 얼음과 암석으로 된 행성의 핵이 있을 거예요.

여기 보이는 밝은 점
부분이 오로라예요.

해왕성

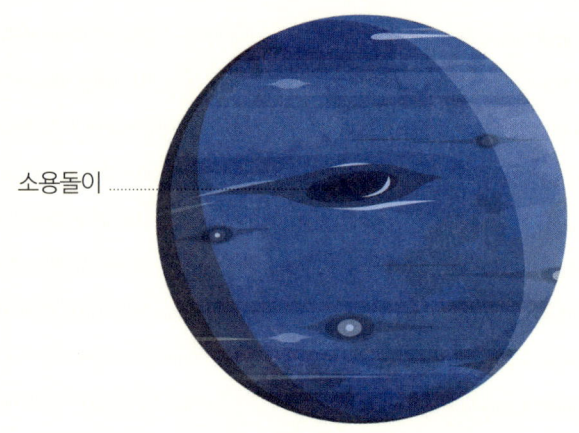

소용돌이

어두운 소용돌이와 밝은 구름들이 때때로
해왕성의 짙푸른 대기에 나타나요.

해왕성이 태양에서 얼마나 멀리 떨어져 있는지 상상하기란
어려워요. 그 거리는 약 45억 킬로미터예요. 시속 80킬로미터로
달리는 자동차를 타고 우주를 가로질러 간다면, 6000년 이상
걸릴 거리이지요. 이토록 엄청나게 먼 거리에서, 해왕성이
태양 궤도를 한 바퀴 도는 데에는 지구의 시간으로 164년이 걸려요.

메탄을 비롯해 주로 수소와 헬륨으로 이루어진 이 행성의 두꺼운 대기를
매서운 바람이 채찍질하듯 휘저어요. 해왕성 내부의 온도와 압력은
엄청나기 때문에 어떤 과학자들은 그곳에서 다이아몬드가 만들어져,
행성 깊은 곳에서 소용돌이치고 있을 거라고 생각하지요.
다이아몬드가 비처럼 내리는 모습을 상상해 보세요!

우주 탐사선 보이저 2호는
1989년에 해왕성을 방문했어요.

트리톤의 남반구

트리톤

해왕성의 가장 큰 위성인 트리톤은 어디에서 왔을까요? 이상한 질문처럼 들릴 수도 있겠지만 천문학자들이 아주 오래전부터 고민해 온 것이랍니다. 트리톤이 해왕성의 중력에 붙잡히기 전에는, 한때 태양계 바깥을 자유롭게 떠다녔을 수도 있다고 하거든요.

우리 행성의 이웃 중 먼 거리에 있는 많은 천체들과 마찬가지로 트리톤은 춥고 얼음으로 뒤덮인 곳이에요. 자세히 관찰하면 표면에 줄무늬 같은 게 보일 거예요. 트리톤의 얼어붙은 표면 아래에서 질소를 뿜어내는 간헐천(주기적으로 분출하는 온천) 자국으로 보여요.

트리톤의 이름은 그리스 신화 중 바다의 신에게서 따왔어요.
그는 소라껍질을 불어 폭풍우 치는 바다를 진정시켰다고 전해지지요.

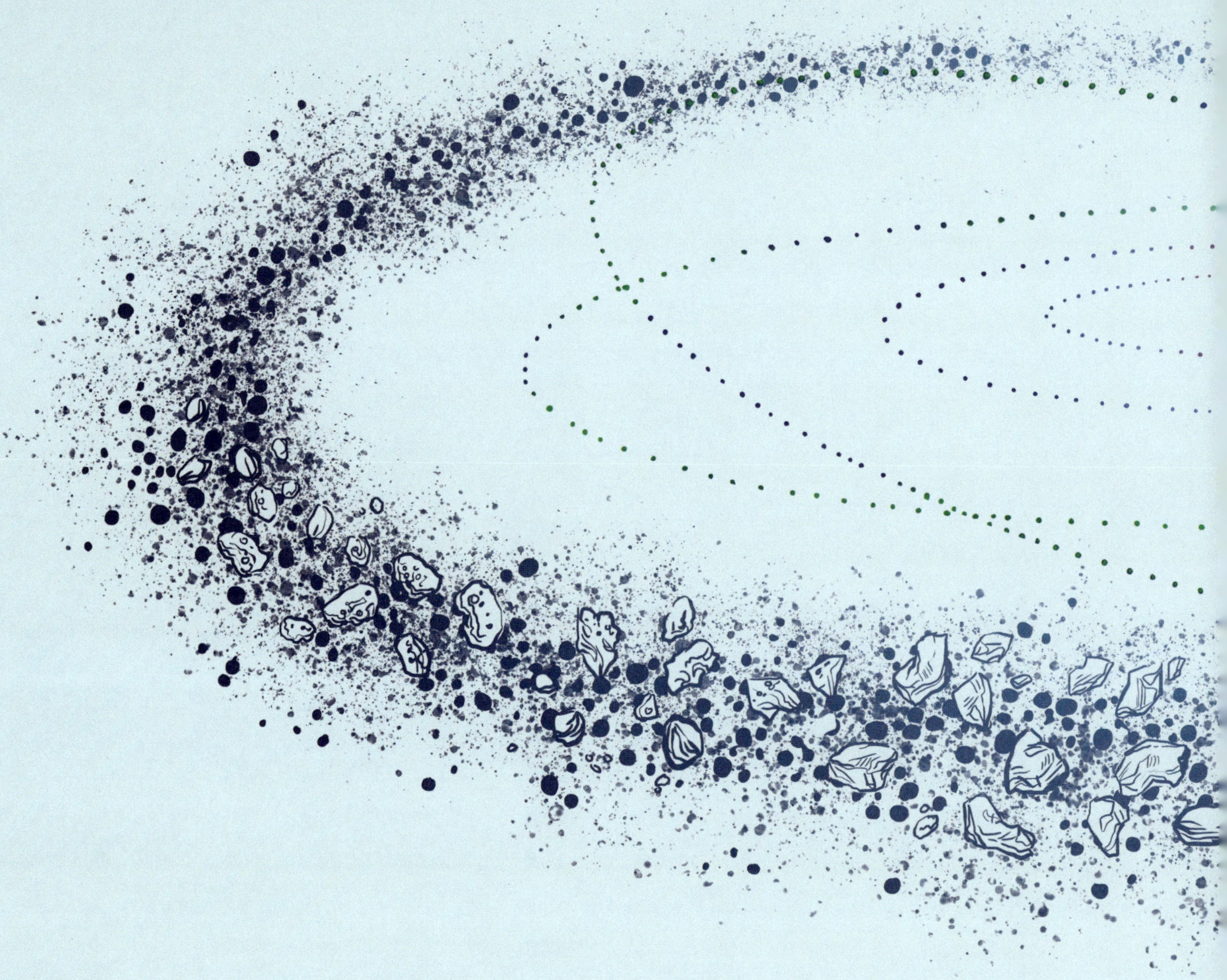

카이퍼대

명왕성 다음으로
1992년이 되어서야 카이퍼대에서
천체들이 관측되었어요.

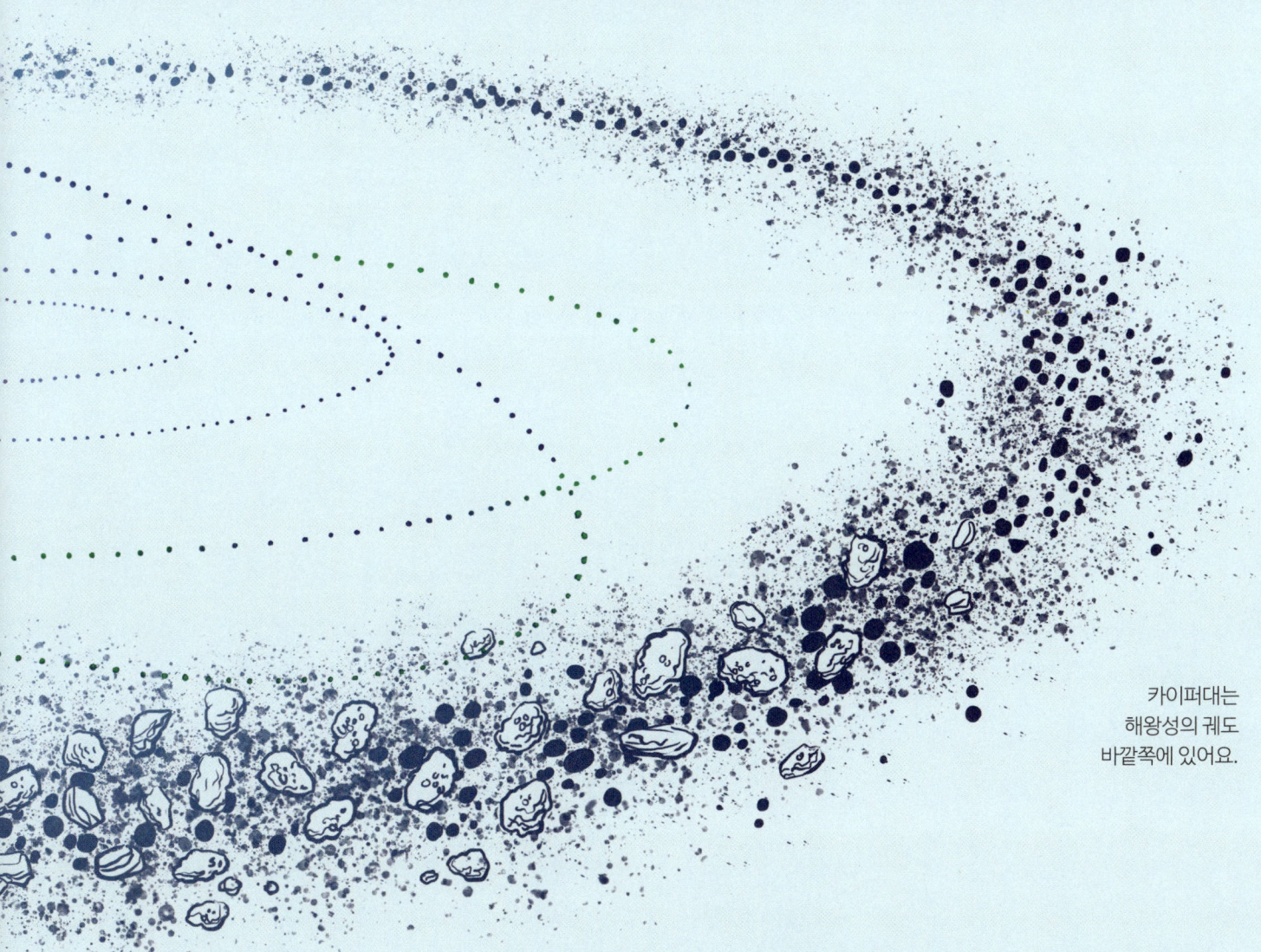

카이퍼대는
해왕성의 궤도
바깥쪽에 있어요.

해왕성을 지나 더 멀리 여행한다면 결국 카이퍼대(카이퍼 벨트)라는 거대한 도넛 모양 지역에 도착할 거예요. 그곳에는 태양계 생성 초기부터 남아 있던 얼어붙은 작은 천체들이 수천 개나 있어요. 또한 명왕성의 고향이라 할 수 있으며 하우메아, 에리스, 마케마케라는 세 개의 왜소행성이 있는 곳이기도 하지요. 과학자들은 이 머나먼 지역을 태양계 역사와 연결 짓고 있어요. 카이퍼대에 있는 천체 중 일부가 아주 오래전, 해왕성을 비롯한 거대한 가스 행성들의 중력에 의해 그곳에 던져졌다는 것이지요.

카이퍼대는 지구에서 너무나 멀리 떨어져 있어서 천문학자들은 성능이 뛰어난 망원경을 사용해 이곳을 연구해요. 최근에는 뉴호라이즌스 호를 발사해 이 지역을 탐험했지요. 수년에 걸친 여행 끝에 이 탐사선은 카이퍼대의 얼어붙은 천체 일부를 지나갈 수 있었어요.

명왕성

1930년 미국 천문학자 클라이드 톰보는 밤하늘 사진을 보며 태양계 바깥쪽에 숨어 있는 천체를 찾고 있었어요. 그는 별을 향해 움직이는 빛나는 점 하나를 발견했지요. 그 작은 점은 카이퍼대에 있는 오늘날 명왕성이라 부르는 천체였어요.

오랫동안 명왕성은 태양계의 아홉 번째 행성(태양계 모든 행성 가운데 크기가 가장 작은 행성)으로 여겨졌어요. 그러나 멀리서 태양을 공전하는 명왕성과 비슷한 또 다른 천체가 발견되었어요! 이후에도 새로운 천체들이 발견되며 명왕성은 다시 분류되었고, 이제는 행성이 아닌 (행성과 소행성의 중간 단계인) 왜소행성에 속하게 되었지요.

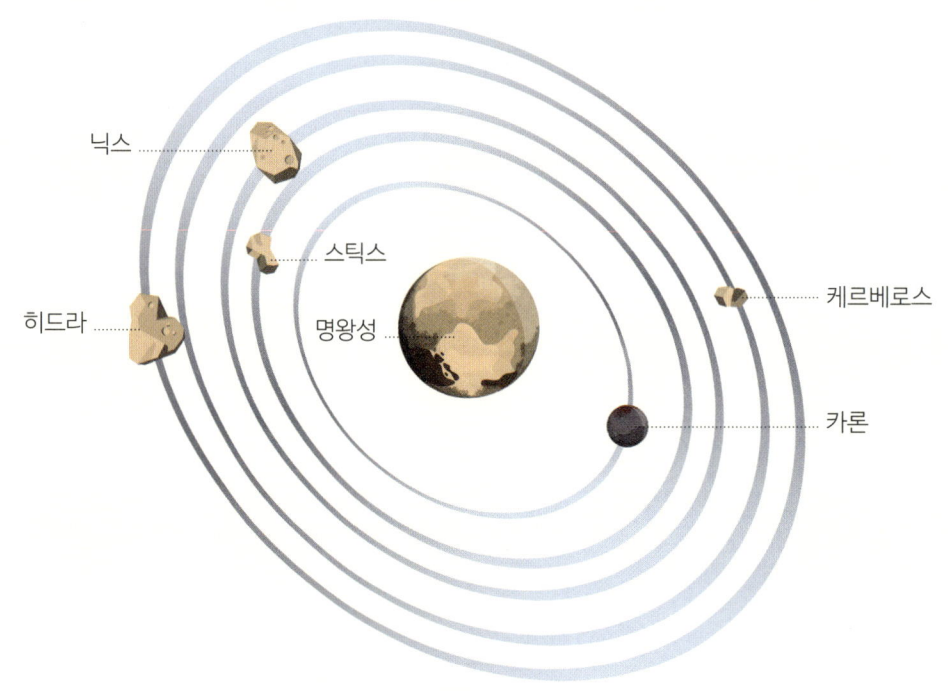

명왕성과 그 다섯 위성

카론

명왕성은 다섯 개의 위성을 거느리고 있어요. 그중 가장 큰 위성은 카론이에요.

명왕성

명왕성 표면에 하트 모양이 보이나요?

명왕성 표면

명왕성에는 질소, 메탄 등의 기체들로 구성된 얇은 대기가 있어요.

언뜻 보기에 아래 사진에는 별로 놀라울 만한 것이 없다고 생각할 수 있겠지만, 사실은 정말 특별한 것이에요. 영화 세트 속 모형이나 예술가가 상상해 낸 컴퓨터 생성 이미지가 아닌, 탐사선 뉴호라이즌스호가 촬영한 명왕성 표면의 실제 사진이거든요.

평원에는 언덕이 솟아 있고, 우뚝 서 있는 산들과 톱니처럼 삐죽삐죽한 지형은 멀리 있는 태양에서 비추는 희미한 빛에 그림자를 드리워요. 그런데 이 산들은 우리가 알고 있는 지구의 산봉우리와는 달라요. 바위나 흙이 아닌 얼음으로 되어 있으며 그 주변은 온통 얼어붙은 질소로 이루어져 있지요.

명왕성의 산과 평원을 이 사진에서 매우 자세히 볼 수 있어요.

아로코스의 독특한 모양은 얼어붙은 두 천체가 천천히 충돌해 찌그러지면서 만들어졌을 거예요.

아로코스

눈사람처럼 보이는 이 소행성의 이름은 아로코스(Arrokoth)예요. 태양계 끝자락인 카이퍼대에 위치해 있지요. 보기에는 그렇지 않을 수도 있지만, 우주 탐사선이 방문한 천체 가운데 가장 흥미롭고 중요한 곳이에요. 아로코스가 그토록 흥미로운 이유는 나이 때문이에요. 약 45억 년이나 되었거든요.

우주 깊숙한 곳에서 수십억 년 동안 떠 있었는데도 그 모습이 얼마나 잘 보존되어 있는지 놀라울 따름이에요. 그 오랜 시간 변하지 않고 살아남았기 때문에, 과학자들은 이 천체를 연구함으로써 다른 행성 이웃들이 어떻게 형성되었는지 알아낼 수 있을 거라 기대하지요.

아로코스는 2014년에 허블 우주 망원경으로 처음 발견되었어요.

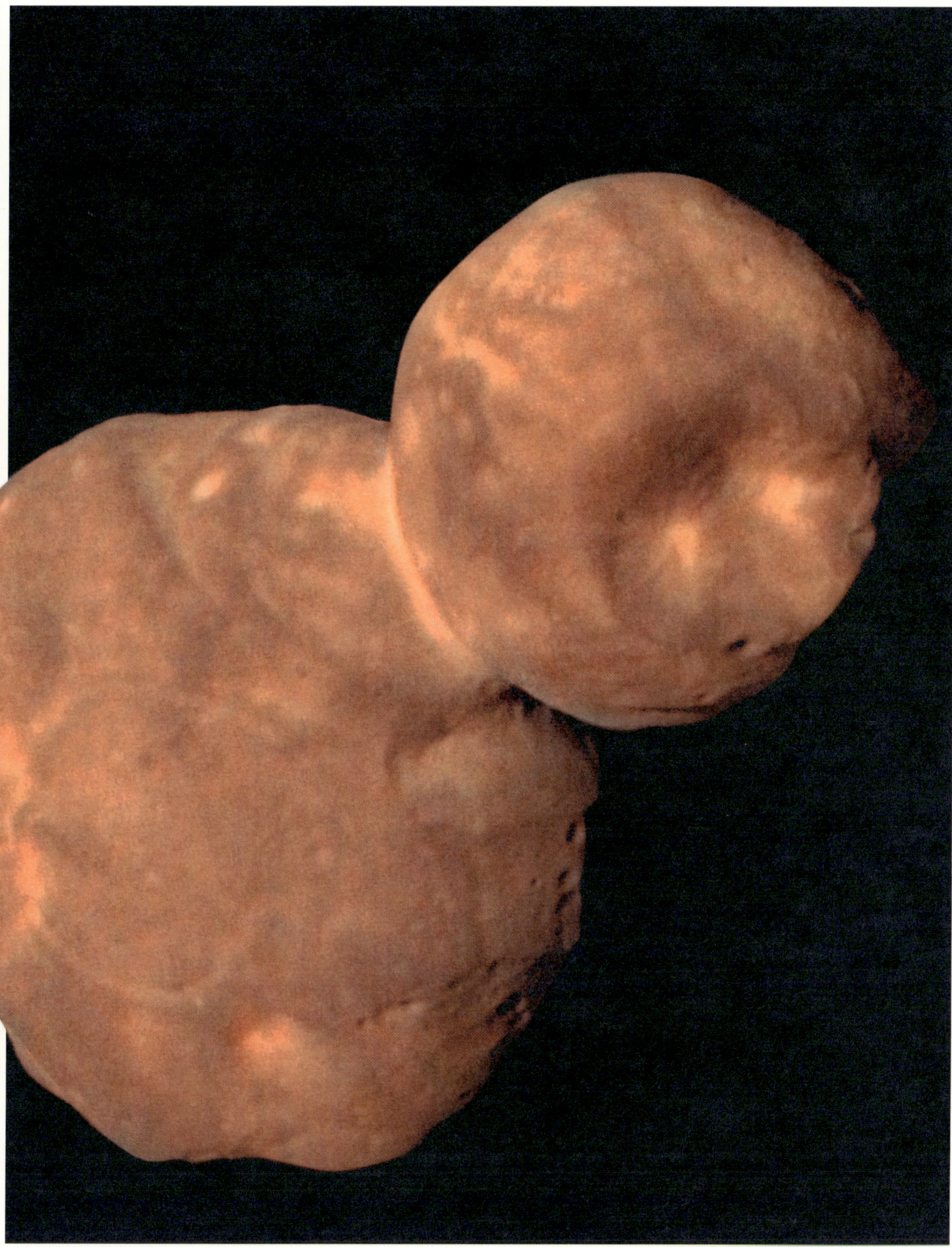

혜성

혜성에 두 개의 꼬리가
나타나기도 해요. 하나는 가스,
다른 하나는 먼지로 되어 있지요.

혜성은 나그네처럼 태양계를 떠돌아다니는 먼지투성이 얼음덩어리예요. 보통 태양계 바깥쪽에서 일생 대부분을 보내지만, 때로는 태양 주위를 길쭉한 타원형 궤도를 그리며 돌지요. 그래서 혜성은 태양을 공전하는 지구의 온기 가까이 있을 때도 있어요.

혜성이 태양 빛을 받아 뜨거워지면, 얼어 있던 물질이 녹으며 가스와 먼지가 분출돼요. 아주 작은 먼지들은 우주로 흩어지기 시작하지요. 이런 일이 벌어진다면 혜성은 지구 밤하늘의 흐릿한 점으로 보일 거예요. 정말 운이 좋다면 불타는 긴 꼬리가 달린 모습도 관측할 수 있겠지요.

1997년에 촬영된
헤일-밥 혜성 사진이에요.
사진 속 푸른빛은 가스 꼬리
(이온 꼬리) 부분이에요.

혜성의 절벽

혜성 67P

츄르모프-게라시멘코라는 이름의 혜성 67P에는 바위로 덮인 얼어붙은 풍경 위로 거대한 얼음 절벽이 솟아 있어요. 표면이 갈라지고 울퉁불퉁해서, 과학자들은 일부 지역이 '공룡 알 화석' 같다고 묘사해요. 그곳에는 가스와 먼지를 뿜어내는 거대한 구덩이도 있지요.

이 모든 사실은 로제타라는 우주선이 이 혜성 표면의 생생한 모습을 가까이서 촬영한 덕분에 알려졌어요. 로제타 우주선은 혜성을 도는 동안 중요한 과학적 사실들을 발견했어요. 과학자들은 이를 바탕으로 지구와 같은 행성들이 만들어지는 데 혜성이 어떤 기여를 했는지 알아내리라 기대하지요.

혜성 67P의 일부 절벽은
높이가 수백 미터에 이르러요.

로제타 우주선에서 바라본
얼음과 먼지로 이루어진 절벽.

과학자들은 오르트 구름의 크기와 모양을 계산하는 데 컴퓨터 모델을 사용해요.

일부 과학자들은 오르트 구름 속에
1조 개가 훨씬 넘는 천체들이 있을 거라 생각해요.

오르트 구름

태양계 주변에 아무도 본 적 없는 특별한 영역이 있다는 사실을
아나요? 바로 오르트 구름인데, 푸른 하늘을 떠다니는
푹신하고 하얀 솜털같이 생긴 것이 아니랍니다. 오르트 구름은 태양계를
둘러싸고 있는, 혜성 같은 천체들의 거대한 집단이에요.
오르트 구름은 믿을 수 없을 만큼 멀리 떨어져 있어요. 그 일부는
지구에서 가장 먼 행성인 해왕성까지의 거리보다 수천 배 더 멀리 있지요.
천문학자들은 실제로 본 적이 전혀 없는 오르트 구름이 어째서
태양계 끝자락에 있다고 생각할까요? 한 가지 이유는, 혜성이 이따금
태양계 내부로 날아올 때 머나먼 어딘가에서 온 것처럼 보이기
때문이에요. 학자들은 분명 더 많은 혜성들이 오르트 구름에 숨어
있을 거라고 생각해요. 그래야 우주의 방랑자인 혜성들의 존재를
더 잘 설명할 수 있을 테니까요.

오무아무아는 대략 7시간마다 한 번씩 자전하면서, 우주에서 공중제비 하듯 굴러요.

외계에서 온 천체

지난 몇 년 동안 천문학자들은 태양계 너머 머나먼 곳에서 온 것으로 보이는 천체들과 처음 마주했어요. 그런데 외계에서 온 이 두 여행자들은 공상 과학 영화에서 그릴 법한 모습은 아니었어요. 바로 소행성과 혜성이었는데, 아주 오래전에 머나먼 고향을 떠나 온 것이었지요. 2017년에는 오무아무아(Oumuamua)라는 소행성이 태양계를 거쳐 가는 모습이 보였고, 2019년에는 혜성인 보리소프(borisov)가 발견되었어요. 천문학자들은 점점 작아지는 이 두 천체들이 영원히 사라지기 전에 앞 다투어 연구를 시작했어요. 그들이 떠나 온 그 신비한 곳에 대해 더 많이 알 수 있기를 바라는 마음으로 말이지요.

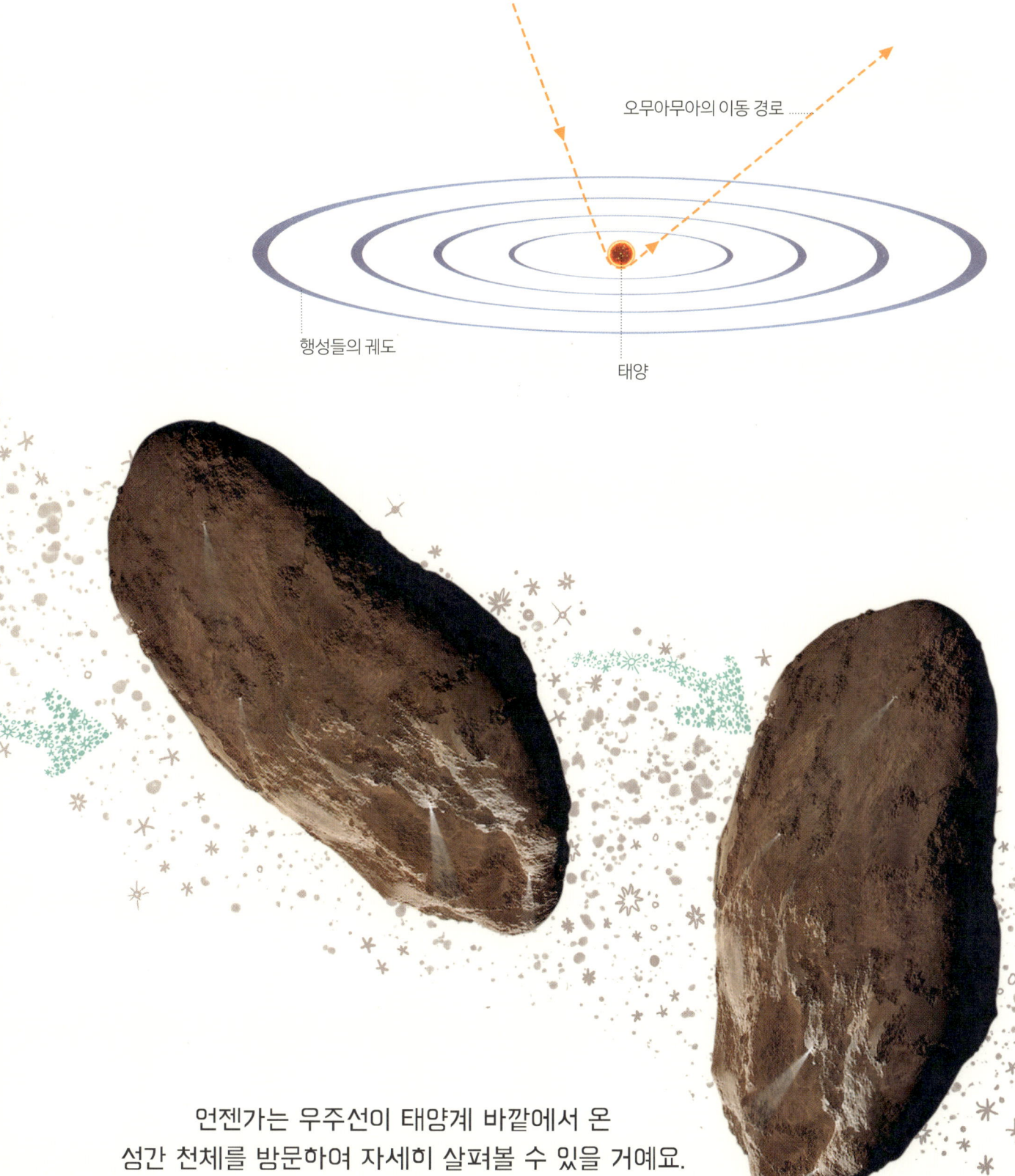

오무아무아의 이동 경로
행성들의 궤도
태양

언젠가는 우주선이 태양계 바깥에서 온
성간 천체를 방문하여 자세히 살펴볼 수 있을 거예요.

과학자들은 우리 은하에 별들이
2,000~4,000억 개 정도 있다고 보아요.

우리 은하

태양은 은하라는 거대한 집단 안에서 움직이는 수천억 개의
별들 중 하나예요. 우리 태양계가 속한 은하를 '우리 은하' 혹은
은하수라고 부르지요. 지구에서는 이 은하가 은빛 강처럼
보이기 때문이에요. 서양에서는 우윳빛(milky) 띠처럼
보인다고 해서 밀키 웨이(The Milky Way)라고 해요.
만약 여러분이 우리 은하 밖으로 멀리 날아가 되돌아본다면
중심부가 부푼 거대한 원반 모양임을 알 수 있을 거예요.
이 원반 안에는 '나선팔'이라는 소용돌이 구조가 있어요.
바로 이들 중 한곳에서 우리가 살고 있지요.

미국 항공 우주국의 망원경으로
적외선과 엑스레이를 이용해
아름다운 우리 은하의 모습을 관측해요.

별 (항성)

매일 밤마다 하늘은 수많은 별빛으로 반짝여요. 그 별들은 너무나 멀리 떨어져 있어서 우리에게는 아주 작은 점으로 보일 뿐이에요. 만약 이 별들을 가까이서 살펴볼 수 있다면 다음과 같은 사실을 알게 될 거예요. 태양과 마찬가지로, 중심부에서 핵융합 반응으로 스스로 빛과 열을 내는 항성이라는 것을요.

별들은 아주 멀리 있기 때문에, 그 빛이 우리에게 도달하기까지 긴 시간이 걸려요. 오리온자리의 허리띠 중간에 있는 별 알닐람(Alnilam)의 경우, 지금 보이는 별빛은 약 2000년 전에 그 여행을 시작했어요. 그러니까 별들이 반짝이는 밤하늘을 바라본다는 것은 사실, 과거를 깊이 들여다보는 것과 같지요. 놀랍지 않나요?

별의 수명은 보통 수십억 년에 이른답니다!

이 별들의 무리는
허블 우주 망원경으로
촬영되었어요.

2016년에 천문학자들은 프록시마 센타우리
주위를 도는 한 행성을 발견했어요.

프록시마 센타우리

은하수가 센타우루스 별자리를 가로지르는 남반구의 밤하늘은 별들로 가득 차 있어요. 이 반짝이는 별들 사이에 '프록시마 센타우리'라는 흐릿한 붉은 별이 자리 잡고 있지요.

비록 성능이 뛰어난 망원경 없이는 볼 수 없는 작고 희미한 별이지만, 프록시마 센타우리가 아주 특별한 이유가 있어요. 바로 태양에서 가장 가까운 별이거든요. 약 4광년(약 38조 킬로미터)이라는, 엄청나게 먼 거리임에도 말이지요. 이 거리는 태양을 펜촉 정도의 아주 작은 크기로 가정했을 때 29킬로미터 정도 떨어진 것이랍니다.

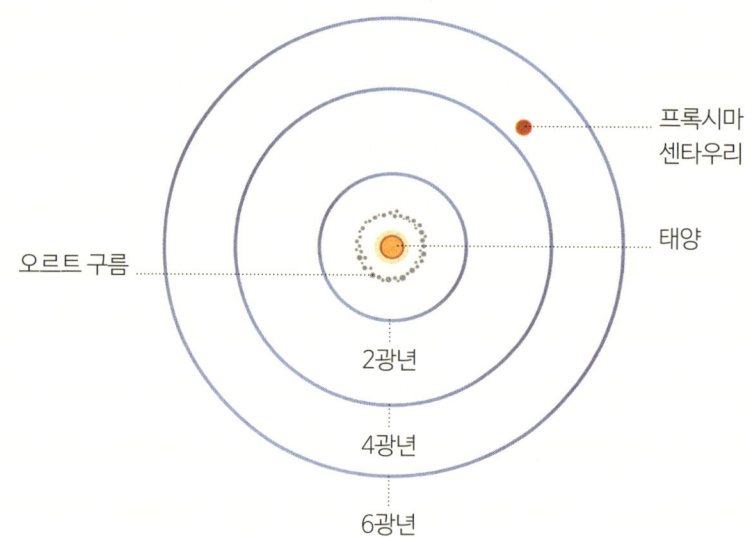

이 프록시마 센타우리
사진은 허블 우주 망원경으로
촬영되었어요.

등대에서 강력한 빛을 방출하듯
원시별은 물질을 거세게 뿜어내요.

원시별

별은 우주에 떠다니는 가스와 먼지들이 구름 모양으로 모인
성운에서 태어나요. 천문학자들은 이 차갑고 어두운 성운 속에서
덩어리들이 생겨날 때, 별의 탄생 과정이 시작된다고 보지요. 시간이 지나며
그 덩어리들은 눈덩이가 점점 커지듯, 주변 물질들을 끌어당기면서
몸집을 키워요. 결국 원시별이라는 회전하는 천체가 만들어지고,
그 중심부의 온도가 충분히 높아지면 핵융합 반응이 일어나요.
그리하여 스스로 빛을 내는 항성, 즉 별이 되지요.

과학자들은 이 모든 일이 정확히 어떻게 일어나는지 여전히 궁금증이
많아요. 부분적으로는 막 태어난 별이, 가스와 먼지 속에 자주
가려져 있기 때문이에요. 그러므로 별이 태어난 곳을 조사하려면
암흑 속을 자세히 들여다 볼 수 있는 특수한 망원경과 카메라가
필요하겠지요.

이 원시별은 주변
가스에서 물질들을
끌어모으고 있어요.

사다리꼴 성단

가스와 먼지가 구름처럼 모인 이 성운은 어째서 아름다운 루비색을
띄고 있을까요? 가장 밝게 빛나는 정가운데를 바라보면
그 원인을 찾을 수 있어요. 바로 4개의 별들 때문이에요. 새로 태어난
이 별들은 사다리꼴을 이루고 있으며 오리온 성운 중심부에 자리 잡고 있지요.

별들이 모여 있는 집단을 성단이라고 해요. 이 사다리꼴 성단의 별들은
뜨겁게 타오르며 밝게 빛나요. 그 강력한 빛이 주변 가스에 에너지를 주어,
분홍빛이 도는 붉은색으로 빛나게 하지요. 천문학자들에게 성단이 특히
흥미로운 이유는 이를 통해 새로 태어난 별들의 초기 모습과,
이 별들의 무리에 대해 더 많은 것을 알 수 있기 때문이지요.

작은 망원경으로도 지구에서 사다리꼴 성단을 볼 수 있어요.

·········· 사다리꼴 성단

오리온 성운의 중심부

성운 중심에 있는
성단이 보이나요?

아스테로페
마이마
알키오네
메로페
타이게타
켈라에노
엘렉트라

산개 성단

밤하늘을 올려다보면, 별들이 무리지어 있는 성단을 볼 수 있어요. 쉽게 볼 수 있는 것은 산개 성단으로, 우주에서 함께 탄생한 밝고 젊은 별들로 이루어져 있어요.

가장 유명한 산개 성단은 황소자리에 있는 플레이아데스 성단이에요. 이 빛나는 성단에는 새로 태어난 별들이 1200개 넘게 있어요. 최근 조사에 따르면, 플레이아데스 성단의 별들은 나이가 약 1억 3000만 년 밖에(?) 되지 않았답니다!

태양은 은하수를 가로질러 펼쳐진 산개 성단에서 탄생했을 거예요.

7개의 별이 유난히 밝게 빛나는 플레이아데스 성단이에요. '일곱 자매'라는 이름으로도 알려져 있어요.

행성의 탄생

행성은 정확히 어떻게 생성되는 것일까요? 수 세기 동안 과학자들의 머리를 긁적이게 한 질문이기도 해요. 이 신비를 풀기 위해 오늘날 천문학자들은 성능이 뛰어난 망원경을 사용해 태양계 너머의 먼 곳에서 새로 태어나는 별(항성)들을 연구해요. 이 멀리 떨어진 어린 별들 대부분은 먼지와 가스로 이루어진 원반에 둘러싸여 있어요. 별 주변을 빙빙 도는 이것을 '원시 행성 원반'이라고 부르지요. 왜냐하면 이 원반 안에서 소용돌이치는 물질들이 행성을 만들어내는 재료가 될 수도 있기 때문이에요. 이를 조사함으로써 행성이 어떻게 만들어졌는지 더 많은 것을 알아낼 수 있겠지요. 이미 몇몇 어린 별들 주위에서 자갈과 같은 행성을 구성하는 물질들의 흔적이 발견되었어요.

어린 별 주변을 둘러싸고 있는 원시 행성 원반이에요.

수십억 년 전에 태양은
원시 행성 원반에 둘러싸여
있었을 거예요.

외계 행성

저 먼 곳에 있는 별들 주위를 돌고 있는 외계 행성이 지금까지 5,000개 넘게 발견되었어요.

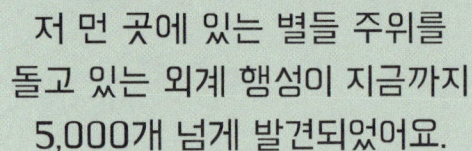

이 3개의 외계 행성들은 적색 왜성(질량이 작고 어두운 적색 빛을 내는 별)인 글리제(GJ) 357 주변을 돌고 있어요. 각각 글리제 357 b, c, d로 불려요.

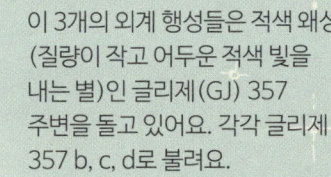

글리제 357d

글리제
357b

글리제
357c

우리 은하 어딘가에 다른 생명체가 있을지 아직은 모르지만
태양계 바깥에 다른 행성들이 있다는 사실은 이미 알려져 있어요.
이러한 외계 행성들이 수천 개 발견되었으니까요.

아직까지는 외계 행성에 대해 모르는 사실이 많아요. 그중 많은 곳들이 매우
낯설어 보이는데, 예를 들어 어떤 외계 행성은 녹은 암석이 표면에서 부글부글
끓고 있어요. 반면 대기를 맴도는 사나운 바람이 부는 곳도 있고요. 불타는
중심별(태양계의 태양처럼 중심이 되는 별) 가까이서 돌고 있는 거대한 가스 행성도
있는데, 태양계 안에는 그런 행성이 존재하지 않아요. 앞으로 수십 년 안에
새로운 망원경으로 이 멀리 떨어진 행성들의 일부를 자세히 볼 수 있을 거예요.
아마 지구와 비슷한 행성을 찾아낼 수도 있겠지요.

직녀별

지금 보이는 직녀별의 빛은
약 25년 전에 그 표면을 떠난 것이에요.

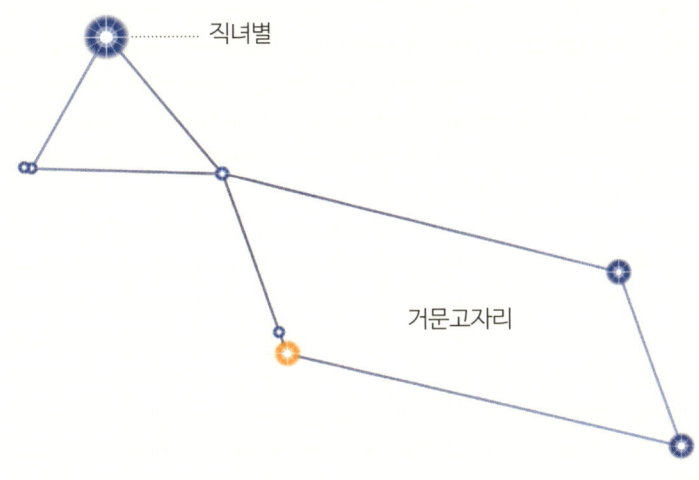

직녀별(베가, Vega)은 밤하늘의 가장 밝은 별 중 하나예요. 은하수의 별들이 아주 많이 모인 곳 근처인 거문고자리에 있지요. 북반구의 맑은 가을밤에 이 별을 흘끗 보면, 푸르스름한 빛이 도는 하얀색을 띠고 있을 거예요. 그 주변에는 다른 색으로 빛나는 별들도 있지요. 어떤 별은 주황빛, 어떤 별은 노란빛, 또 다른 별들은 생생한 파란빛을 띠어요.

별의 색깔이 왜 다른 것일까요? 모두 별의 표면 온도에 달려 있어요. 뜨거울수록 더 파랗거나 하얗게 빛나고, 온도가 낮은 별들은 노랗거나 주황색을 띠지요. 은하에서 가장 온도가 낮은 별들은 난로 속 불씨처럼 붉은색을 띠어요.

직녀별은 태양을 찍은
뒤로 1850년 처음
사진 촬영된 별이었어요.

베텔게우스는
지구에서 약 720광년
거리에 있어요.

베텔게우스는 그 안에 지구를 900조 개
집어넣을 수 있을 정도의 크기랍니다!

베텔게우스

오리온자리에 있는 신비로운 별들 중 하나는 바로 붉게 빛나는 베텔게우스예요. 이 별은 삶의 가장 마지막 단계에 이르렀지요. 베텔게우스는 핵융합에 필요한 연료를 소진한 뒤 엄청난 크기로 부풀어 올랐고, 붉은색을 띠게 되었어요. 베텔게우스의 지름은 12억 킬로미터가 넘어요. 태양이 완두콩만 하다고 가정한다면 베텔게우스는 7미터가 넘을 거예요!

이 별이 수명을 다할 때는, 밝게 빛나는 초신성으로 폭발할 거예요. 천문학자들은 이런 일이 정확히 언제 일어날지 확신하지는 못하지만 약 10만 년 안에 폭발할 수도 있다고 해요.

베텔게우스

오리온자리

용골자리 에타

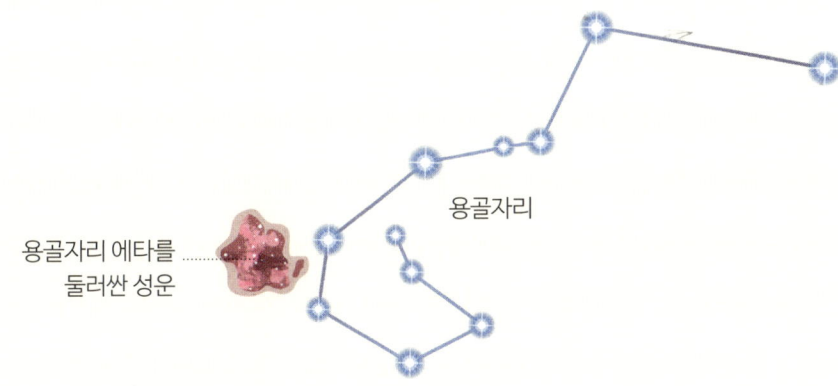

용골자리 에타를
둘러싼 성운

용골자리

용골자리에서 은은하게 반짝이는 별들을 바라보면 알 수 없겠지만, 남반구 밤하늘의 이 지역에서는 격렬한 활동이 일어나고 있어요. 이곳의 '용골자리 에타'라는 별은 두 별이 짝을 이루는데, 이런 경우를 쌍성계라고 하지요. 이 별이 매우 흥미로운 이유는 둘 중 한 별에서 상상할 수조차 없을 정도로 거대한 폭발이 있었기 때문이에요. 과학자들은 이제 용골자리 에타가 수명을 다했다고 보지요.

용골자리 에타는 빛나는 가스 덩어리와 먼지로 이루어진 땅콩 모양 성운에 둘러싸여 있어요. 이 성운은 과거의 엄청난 폭발로 생겨났어요. 용골자리 에타는 결국 폭발하며 사라질 거예요. 그러고는 언젠가 새로운 별을 탄생시킬 물질들을 우주 공간으로 쏟아내겠지요.

**용골자리 에타는 너무나 멀리 떨어져 있어서
오늘날 우리가 보는 모습은 8400년 전에 일어난 것이에요.**

용골자리 에타는
19세기에 (지구에서 볼 때)
여러 번 폭발했어요.

오늘날 관찰된 유명한 초신성 1987A는
1987년에 우리 은하와 가까운 은하에서 폭발했어요.

초신성

때때로 별은 죽기 직전 폭발하며 엄청나게 밝은 빛을 내뿜어요. 이러한 초신성 폭발은 여러 유형으로 일어나요. 태양보다 질량이 훨씬 큰 별은 빛을 내는 연료를 다 써 버리고 수명을 다했을 때 폭발해요. 이때 별의 중심부가 안에서부터 무너지고 곧 폭발을 일으켜 별 전체가 파괴되지요.

태양과 질량이 비슷한 별은 수명을 다하면 중심부가 수축하여 백색 왜성이 돼요. 백색 왜성이 이웃한 별을 흡수해 질량이 커지면 다른 종류의 초신성 폭발을 일으키게 되지요. 그러면 우주의 엄청난 거리를 가로질러 우리가 볼 수 있는 거대한 별들의 불꽃놀이가 펼쳐져요.

초신성

이 사진 속 색깔들은 초신성 1987A의 폭발로 생긴 충격파와 먼지 고리를 뚜렷이 드러내요.

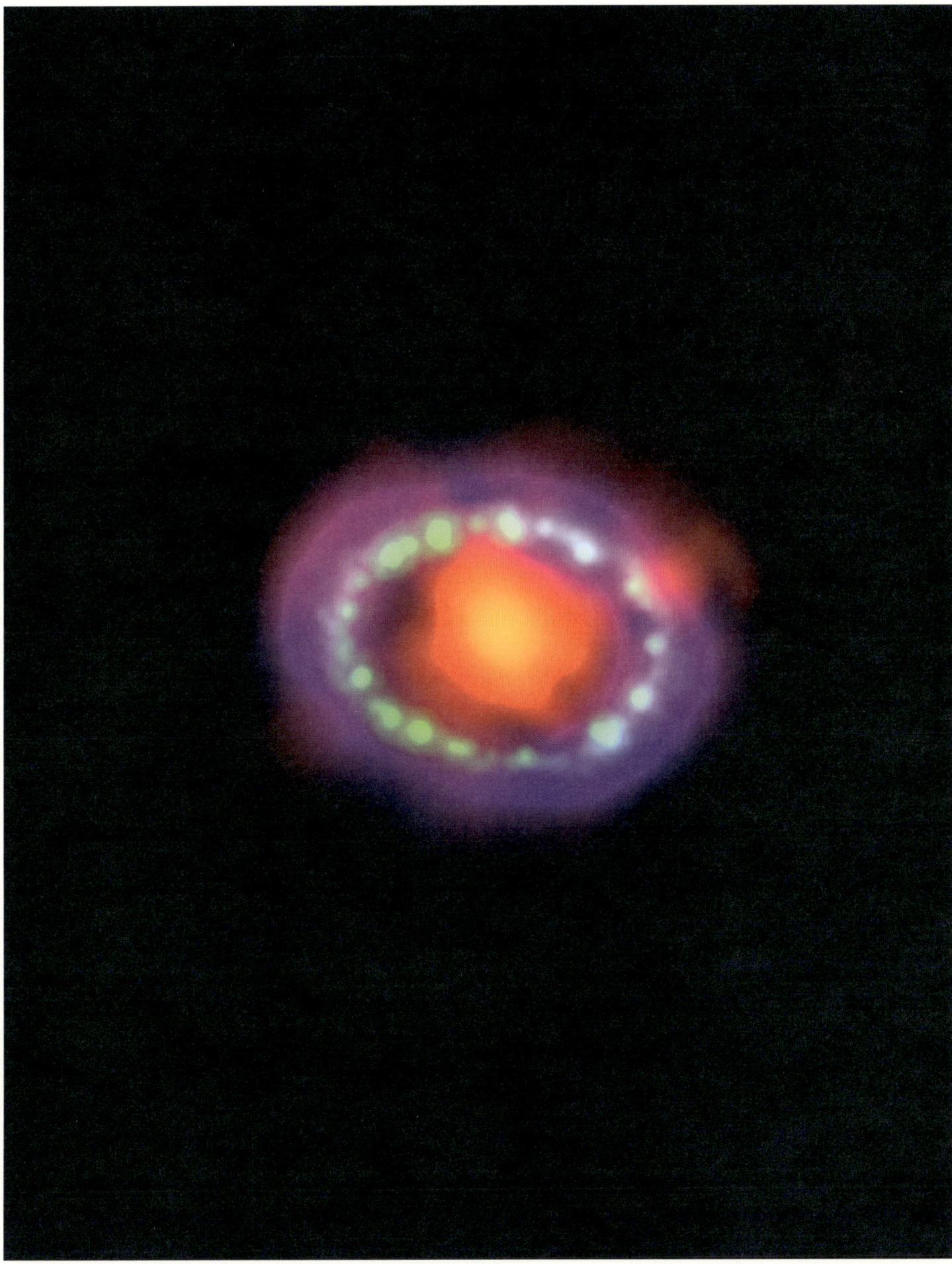

중성자별은 보통 지름이
20여 킬로미터밖에 되지 않아요.

중성자별

중성자별은 별의 수명이 다한 후에도 존재하는, 우주의 좀비 같은 존재예요. 별이 초신성 폭발로 삶을 마친 뒤에 생겨날 수 있기 때문이지요. 중성자별은 원자 중심부의 원자핵을 구성하는 입자인 중성자로 이루어진, 밀도가 엄청나게 높은 천체예요. 중성자별의 모래알 크기만 한 조각 하나의 무게는 약 5억 킬로그램으로 초대형 여객기 1,500대를 합친 것과 비슷하지요.

어떤 중성자별은 강한 자기장으로, 빠르게 회전하며 우주 공간에 전파를 뿜어내요. 그 빛이 지구를 통과할 때 우리는 전파 신호를 감지할 수 있지요. 이러한 중성자별을 펄사(Pulsar)라고 불러요.

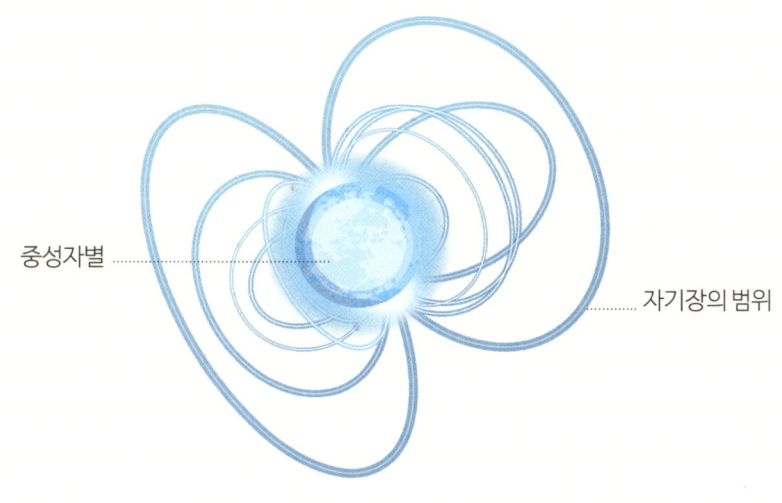

중성자별 .... 자기장의 범위

가운데 두 개의 밝은
점이 보이나요?
중성자별은 오른쪽에
있는 것이에요.

블랙홀

블랙홀은 우주의 신비로운 대상 중 하나지만, 직접 볼 수는 없어요.
내로라하는 세계적인 과학자들에게도 여전히 불가사의하지요.
우리가 알 수 있는 사실은, 블랙홀이 매우 독특한 자연 현상이라는
정도예요.

이 호기심을 불러일으키는 둥근 영역은 중력이 너무 강해서
주변 공간을 휘게 만들어요. 그래서 무엇이든 빠져나올 수 없지요.
가장 빠른 물질로 알려진 빛조차 빨아들이기 때문에, 어둡고 캄캄해
보이는 거예요. 블랙홀은 질량이 아주 큰 별이 수명을 다해 폭발한
뒤에 생겨날 수 있어요. 많은 은하 중심부에는 초대형 블랙홀이 숨어 있는데
지구가 속한 우리 은하에도 물론 있답니다.

메시에 87(M87) 은하 중심부에는 질량이
태양의 65억 배에 이르는 거대한 블랙홀도 있어요.

지금으로서는 블랙홀
주변을 가장 잘 볼 수 있는
최고의 사진이에요.

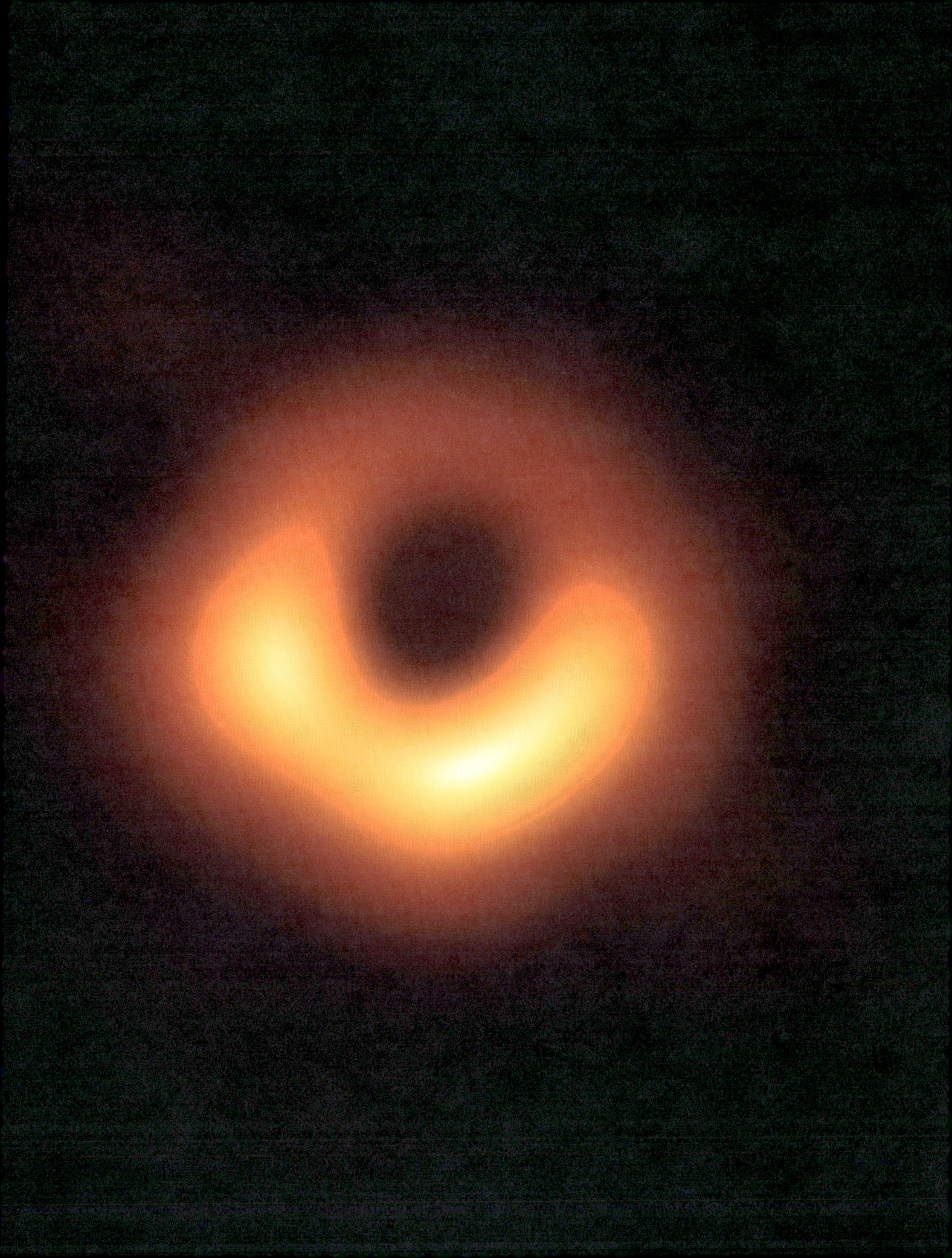

구상 성단

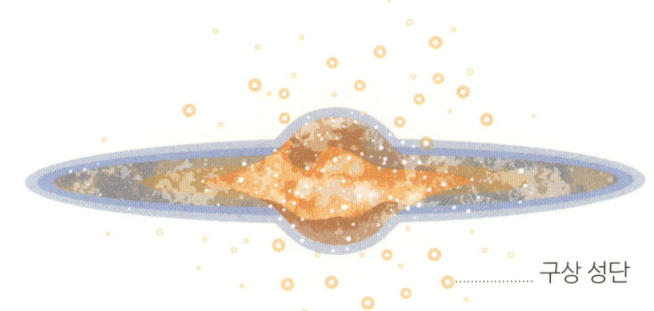

························ 구상 성단

우리 은하를 옆에서 본 모습

숨 막히게 멋진 별들의 모습을 가장 잘 볼 수 있는 장소는 어디일까요? 구름 한 점 없는 사막의 하늘을 올려다보는 것이 좋을까요? 아니면 가장 어두운 밤에 먼 바다를 바라보는 것이 좋을까요? 정답은 지구의 어느 곳도 아니랍니다. 바로 구상 성단 안에서 바라보는 것이 가장 좋지요.

구상 성단은 수많은 눈부신 별들로 이루어져 있는데, 모두 촘촘히 모여 둥근 공 모양을 하고 있어요. 우리 은하의 구상 성단 중 일부는 아주 오래전 우리 은하가 집어삼킨 더 작은 은하의 잔해일 수도 있어요. 만약 이들 구상 성단 안에 별 주위를 도는 행성이 있다면, 그곳에서 바라보는 밤하늘은 경외심을 불러일으킬 거예요. 셀 수 없이 많은 반짝이는 별들이 어두운 밤하늘을 빈틈없이 채우고 있을 테니까요.

구상 성단인 오메가 센타우리에는
별들이 최소 170만 개나 있답니다!

오메가 센타우리는
우리 은하에서 가장 큰
구상 성단이에요.

성운

만약 여러분이 우주선을 타고 우리 은하를 가로질러 우주로 더 나아간다면, 도중에 별과 행성만 만나지는 않을 거예요. 먼지와 가스가 모여 구름 모양을 이룬 성운도 지날 테지요. 성운은 우리 은하 전체에 흩어져 있으며, 여러 종류가 있어요.

성운에서는 별이 탄생해요. 이때 타오르는 새로운 별이 가스와 뒤섞여 아름답게 빛나지요. 그러나 또 다른 성운에는 마치 유령처럼, 오래전 죽은 별의 흔적이 남아 있어요. 수명을 다한 별이 폭발했던 곳을 나타내는, 빛나는 가스의 잔물결과 같지요. 천문학자들은 성능이 뛰어난 망원경으로 우리 은하 너머, 멀리 떨어진 다른 은하 속의 이런 놀라운 모습을 관찰해요.

남반구 하늘의 용골자리 성운은
워낙 밝아서 망원경 없이도 볼 수 있답니다!

왼쪽 위에서부터 시계 방향으로
마녀 머리 성운, 파이프 성운, 석호 성운,
게자리 초신성 잔해 그리고
목걸이 성운의 모습이에요.

발광 성운의 눈부신 붉은색은
주로 수소 가스에서 비롯되어요.

발광 성운

밤하늘이나 멀리 떨어진 은하를 찍은 많은 사진에서, 물감을 뿌려 놓은 듯 붉게 빛나는 모습을 본 적 있나요? 저마다 희미하게 빛나는 가스 구름들을 발광 성운이라고 해요. 천문학자들은 이 빛나는 성운을 '별의 양성소'라고 말하지요. 가스와 먼지의 거대한 소용돌이 속에서, 새로운 별들이 태어나기 때문이에요. 발광 성운은 다채로운 색으로 빛나요. 성운 속에서 태어난 뜨거운 별들에게서 에너지를 받아, 스스로 빛을 내는 것이지요. 성능 좋은 쌍안경을 집어 들면 어느 날 밤에는 발광 성운을 직접 볼 수 있을 거예요!

발광 성운인
석호 성운은
궁수자리에 있어요.

행성상 성운

고리 성운

남방 올빼미 성운

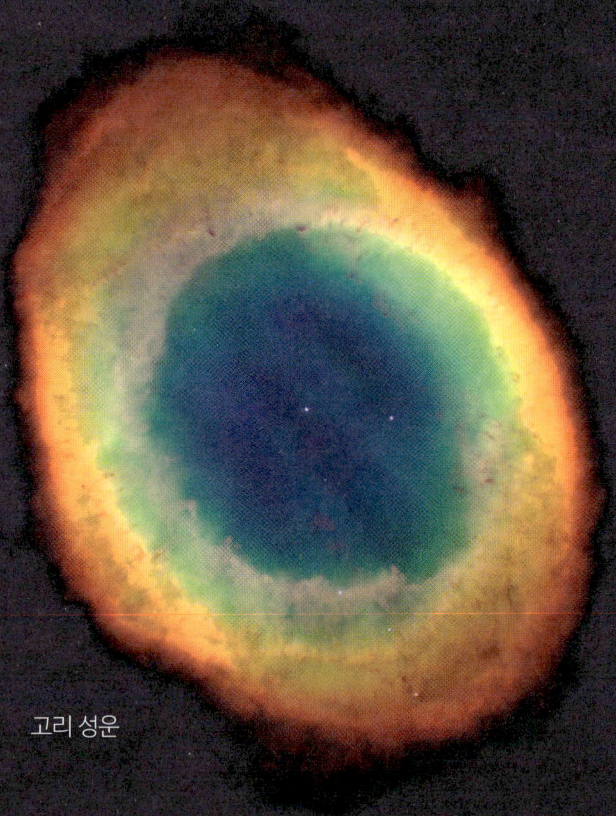

고리 성운의 지름은 약 10조 킬로미터예요.

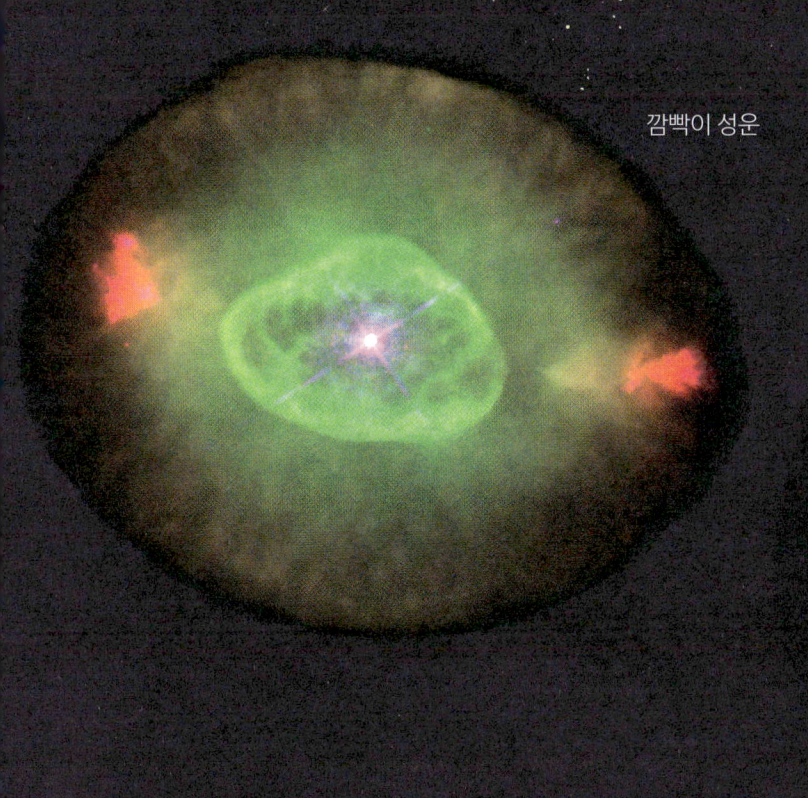
깜빡이 성운

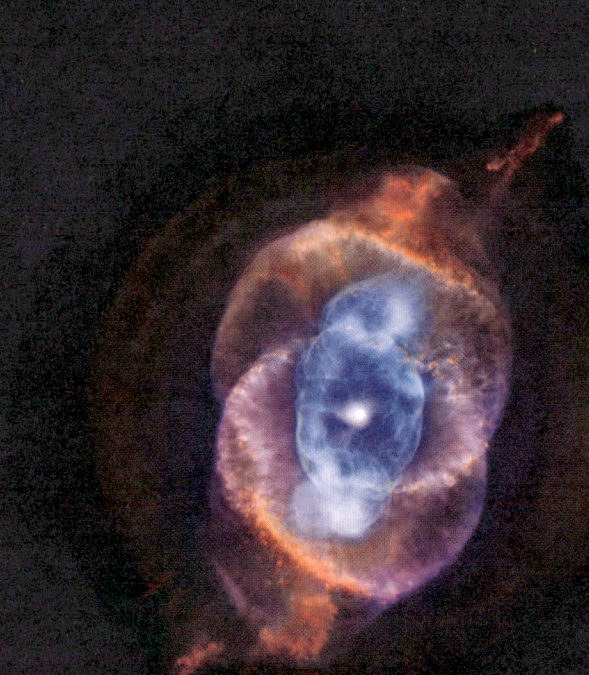
고양이 눈 성운

맑은 날 밤에 밖으로 나가, 망원경으로 별들을 자세히 들여다본다고 상상해 보아요. 우연히 지금 보이는 이 광경을 보았다면 여러분은 무엇처럼 생겼다고 말할 것인가요? 천문학자들에게는 이 빛나는 둥근 가스 덩어리가 행성 모양과 비슷해 보였어요. 그래서 행성상 성운이라고 불렀지요.

사실 행성상 성운은 행성과 아무 관련이 없어요. 수명을 다한 별의 흔적이니까요. 태양과 질량이 비슷한 별은 마지막에 바깥층이 벗겨져 우주 공간으로 퍼져 나가는데, 이것이 행성상 성운을 이루어요. 그러면 중심부에 있던 핵이 드러나, 떨어져 나간 바깥층으로 에너지를 뿜어내며 온갖 환상적인 색깔로 빛나게 하지요.

암흑 성운

암흑 성운

말머리 성운 내부에서
소용돌이치는 먼지의 온도는
약 섭씨 마이너스 250도예요.

이 성운을 말머리 성운이라고 불러요. 왜 그런지는 모양을 보면 쉽게 알 수 있을 거예요!

우리 은하에 있는 성운들이 다 밝게 빛나는 것은 아니에요. 우주의 어둠 속에 숨어서, 더 환한 배경과 대비되거나 별빛을 가로막아 그 윤곽만 드러내기도 하지요. 이러한 암흑 성운은 우주 전체에서 발견되는데 오리온자리에 있는 말머리 성운이나, 남십자자리의 석탄자루 성운처럼 잘 알려진 천체들의 일부로도 나타나요.

암흑 성운을 관측하던 전문적인 망원경들은 눈에 보이지 않는 파장의 빛을 포착했어요. 그 빛은 이토록 차가운 암흑 성운 속에서 새로운 별들이 탄생하고 있음을 나타내지요.

반사 성운

우리 은하의 머나먼 곳에 있는 성운들을 자세히 들여다보면 마법 같은 일이 일어나는 것을 알 수 있을 거예요. 메시에 78이라는 거대한 성운 내부는 다른 세상의 푸른색처럼 신비롭게 빛나요. 마치 마법사가 만든 것 같지만, 사실은 주위의 별빛을 반사해 밝게 보이는 거예요. 메시에 78이 푸른빛인 이유는 성운에서 소용돌이치는 먼지가 별빛을 흐트러트리기 때문이에요. 별빛의 다른 색깔보다 파란색이 더 잘 산란되어 반사 성운 대부분이 뿌연 푸른빛으로 보인답니다.

잘 알려진 플레이아데스 성단은
희미한 반사 성운으로 둘러싸여 있어요.

반사 성운

반사 성운인 메시에 78은 오리온자리에서 볼 수 있어요.

은하 중심

안개가 자욱한 날에 시골길을 걷다 보면, 멀리 있는 아름다운 풍경이 잘 보이지 않아요. 천문학자들도 비슷한 문제를 겪곤 하는데 '은하 중심'이라고 부르는, 우리 은하의 중심부를 바라볼 때 그러해요. 안개 대신 우리 은하에 떠다니는 거대하고 거무칙칙한 먼지 구름과 맞닥뜨리기 때문이지요.

은하 중심을 연구하고 그 멋진 사진을 찍기 위해 천문학자들은 적외선을 볼 수 있는 특별한 망원경과 카메라를 사용해요. 적외선은 천체에서 방출되는 빛의 한 종류로, 일반적인 빛과 달리 우주 안의 먼지가 많은 부분들을 통과할 수 있어요. 그래서 가려진 은하 중심의 생생한 사진을 담아낼 수 있지요.

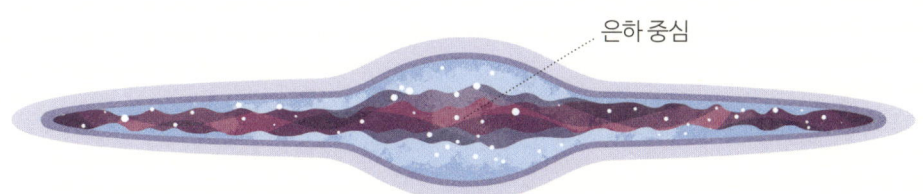

우리 은하의 중심부

은하 중심의 별 움직임을 바탕으로 그 안에 거대한 블랙홀이 숨어 있다는 것을 알 수 있어요.

이 적외선 사진은 은하 중심에 있는 수십만 개의 별을 보여 주어요.

창조의 기둥은 지구에서 약 5,870광년
거리에 있는 독수리 성운에서 발견되어요.

········ 창조의 기둥

창조의 기둥

먼지와 가스로 자욱한 성운은 별들이 태어나는 곳이에요. 그러나 성운도 영원히 존재하지는 않아요. 주변의 별들이 뿜어내는 입자들과 강렬한 빛에 점점 깎여 나가다가 결국에는 파괴되어요. 성운이 탄생시킨 바로 그 별들이지요.

뱀자리에 있는 '창조의 기둥'에는 이 놀라운 과정이 모두 담겨 있어요. 창조의 기둥은 많은 별들이 탄생되는 독수리 성운의 한 부분이에요. 가스와 먼지로 꽉 차 있는 이곳은 수많은 아기별들을 품고 있지요. 하지만 이 손가락 모양의 먼지 기둥은 조금씩 무너지다 결국 파괴되어 은하를 떠돌 거예요. 그러면 그 모습도 다시는 볼 수 없겠지요.

이 사진에서 초록색은 질소와 수소, 붉은색은 황, 푸른색은 산소에서 비롯된 것이에요.

'백조자리 루프' 혹은 '면사포 성운'이라고 불리는 초신성 잔해의 일부예요.

모든 인간의 몸에는 한때 초신성 잔해 속에 떠 있던 원소가 포함되어 있어요. 별이 폭발하며 생긴 물질이지요.

초신성 잔해

격렬한 초신성 폭발로 별이 수명을 다할 때, 지루한 빈 공간만 덩그러니 남기는 것은 아니에요. 이 놀라운 불꽃놀이의 마지막에는 빛나는 초신성 잔해가 생기거든요. 바로 엄청나게 빠른 속도로 팽창하는 가스 구름으로, 이 잔해들은 한때 별이 살았던 빈 공간으로 밀려들어 와요. 초신성 폭발로 생긴 충격파가 바깥으로 퍼져 나가면서, 유령 같은 덩굴손 모양 빛이 생성되기도 하지요. 그 빛은 초신성 폭발 후에도 수천 년 동안 반짝일 거예요.

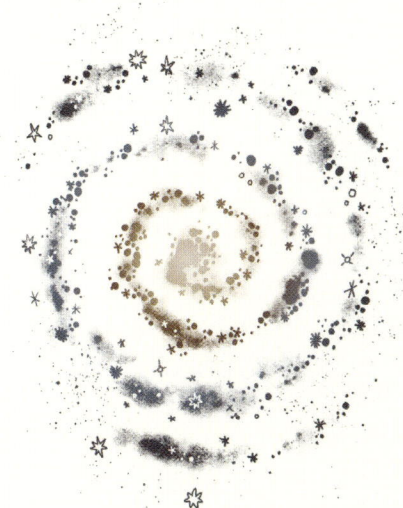

관측할 수 있는 우주에
은하가 2조 개쯤 있는 것으로 추정되어요.

은하

우리 눈이 거대한 망원경과 같다면, 우리 은하의 별들 저 너머에 있는
우주가 셀 수 없이 많은 빛의 점들로 가득 차 있는 것을 볼 수 있을 거예요.
이 멀고 흐릿하게 보이는 지역들은 천문학자들이 은하라고 부르는
별들의 거대한 집단이지요.

우리 인간의 모습처럼, 은하의 모양과 크기는 정말 다양해요. 우리 은하는
소용돌이 모양 '팔'이 있는 '나선 은하'예요. 반면 좀 더 둥근 '타원 은하'는
이런 아름다운 구조 없이 별들이 뒤섞여 있지요. 천문학자들이 우리 은하
밖의 멀리 떨어진 외부 은하를 흥미롭게 여기는 이유 중 하나는
우리 은하가 어떻게 만들어졌는지에 대한 정보를 모을 수 있기 때문이에요.
우주를 깊숙이 들여다보면 오래전에 존재했던 은하들이 드러나는데,
이를 통해 우리 은하가 처음 생겨났을 때 모습을 헤아릴 수 있을 테니까요.

위에서부터 시계 방향으로
장엄한 나선 은하, 거대한
타원 은하, 불규칙한
왜소 은하예요.

국부 은하군

국부 은하군에 속한 것 중
우리에게서 가장 멀리 떨어진 은하는
약 440만 광년 거리에 있는 UGC 4879예요.

여러분은 옆집에 사는 이웃을 알고 있을 거예요. 또는 길거리에서 친구를 만날 수도 있겠지요. 그런데 우리 은하도 우주에 이웃이 있는 것을 아나요? 이를 '국부 은하군'이라고 하는데, 가까운 은하들의 무리예요.

국부 은하군에서 크기가 비교적 큰 은하에는 안드로메다 은하와 삼각형자리 은하 그리고 마젤란 은하가 있어요. 이들은 우리 은하 가까이 자리 잡고 있지요. 국부 은하군 안에는 은하가 75개 정도 있을 것으로 보여요.

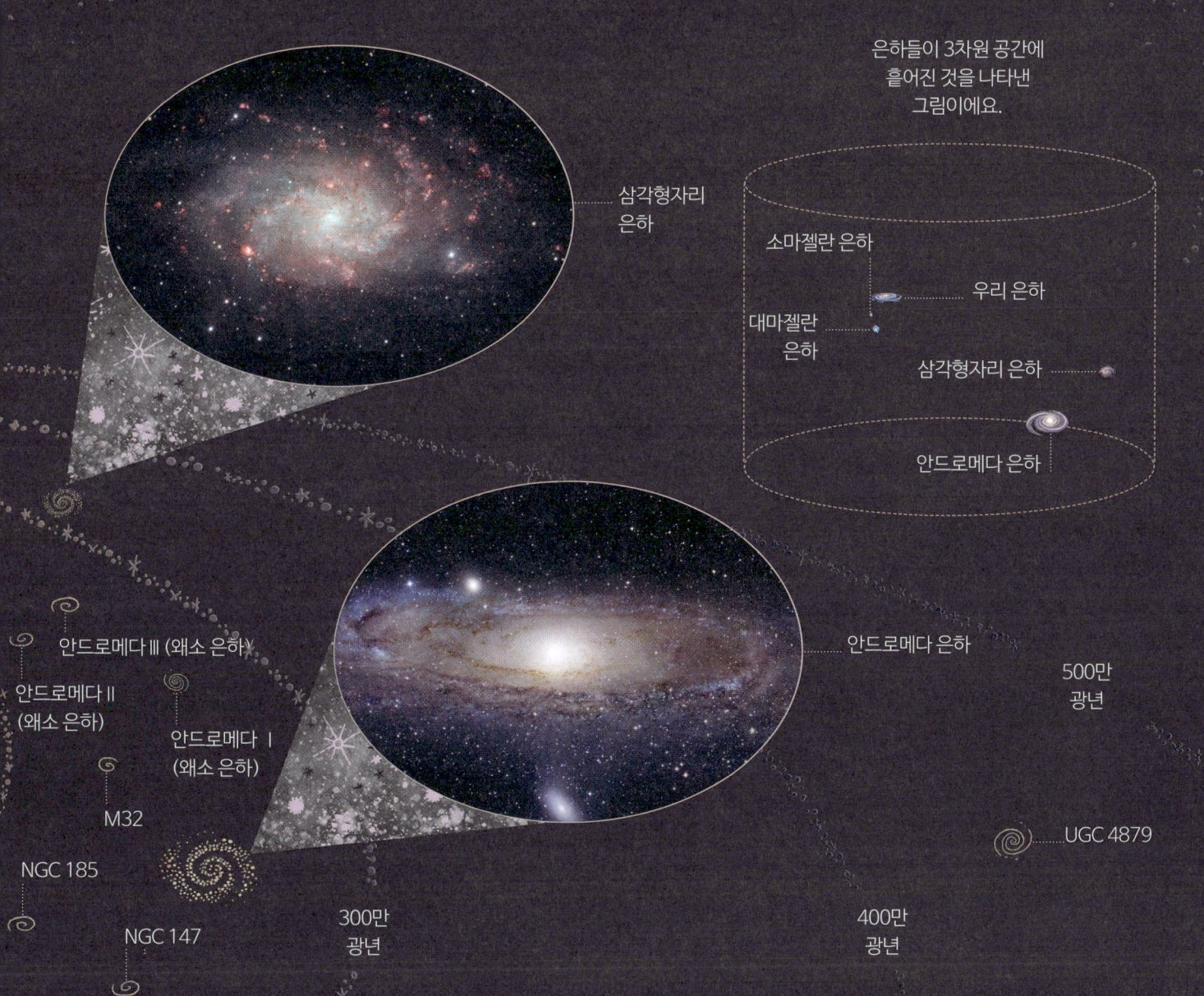

화로자리 왜소 은하는
우리 은하의 주변을 도는
위성 은하 중 하나예요.

왜소 은하

우주에 흩어진 거대한 은하 중에서는 주변에 좀 더 작은 은하들을 거느리는 것도 있어요. '왜소 은하'라고 부르는 이 작은 은하들은 덩치 큰 은하들처럼 수십억 개의 별들을 지니고 있지는 않지만 여전히 흥미로운 대상이에요.

왜소 은하들은 별들을 길게 늘어뜨려, 거대한 은하 주변에 띠 모양을 만들고는 해요. 이처럼 별들이 가느다란 띠를 이룬 것을 별의 흐름(Stellar Streams)이라고 하지요. 이를 연구함으로써 우리 은하의 구조가 지금처럼 정돈되기 전, 격렬한 활동이 벌어지던 과거에는 무슨 일이 일어났는지 더 많은 것을 알아낼 수 있을 거예요. 실제로 천문학자들은 우리 은하 주변의 한 왜소 은하에 있는 별의 흐름을 조사하고 있어요. 바로 궁수자리 왜소 은하인데, 별들이 우주를 가로질러 흩어져 있는 것으로 보여요. 천문학자들은 이 궁수자리 왜소 은하가 우리 은하와 서서히 합쳐지고 있다는 사실을 밝혀냈어요.

우리 은하의 주변을 자세히 들여다보면
왜소 은하가 25개 넘게 있어요.

우리 은하

별의 흐름

왜소 은하

대마젤란 은하에는 빛나는 가스 구름들이 많아요.
그중에는 거미 타란툴라와 닮은 것도 있답니다!

대마젤란 은하

소마젤란 은하

마젤란 은하

남반구의 눈부신 밤하늘에는 안개처럼 자욱한 빛으로 채워진 두 부분이 있어요. 하나는 황새치자리와 테이블산자리 안에, 다른 하나는 근처 큰부리새자리 안에 있지요. 이 빛나는 천체들은 우리 은하 경계 너머에 있는 대마젤란 은하와 소마젤란 은하예요. 비록 작게 보여서 성운으로 여겨지기도 했지만, 사실 둘 다 우리 이웃 은하들이랍니다!

우주에서 한 쌍을 이루는 마젤란 은하는 남반구 원주민들이 수천 년 동안이나 관찰해 왔음에도, 16세기에 이르러서야 항해 중 이 은하를 발견한 유럽 탐험가, 마젤란의 이름을 따서 지어졌어요.

이 사진은 먼지, 가스, 별들로 가득한 대마젤란 은하의 일부 모습이에요.

안드로메다 은하는
우리 은하처럼
나선 은하예요.

나선팔

안드로메다 은하

안드로메다 은하

맨눈으로 우주에서 200만 광년 이상 떨어진 것을 볼 수 있답니다.
이 엄청난 일을 어떻게 하느냐고요? 그저 맑은 가을날 밤에
북반구에서 안드로메다자리를 바라보기만 하면 되지요. 이 별자리에는
소용돌이 모양의 나선 은하가 있어요. 바로 안드로메다 은하로, 쌀알처럼
아주 작은 모양이 흐릿하게 빛나는 것을 볼 수 있지요. 안드로메다 은하는
약 260만 광년 떨어져 있지만, 그 거리는 점점 좁혀지고 있어요. 실제로
약 60억 년 안에 안드로메다 은하가 우리 은하의 별들과 합쳐질 거예요.

이 은하는 한 시간에 39만 3,000킬로미터씩
우리 은하와 가까워지고 있어요.

폭발적 별 형성 은하

메시에 82라는 이 은하의 중심에서 흘러나오는 붉은 줄기가 보이나요? 천문학자들은 이것을 우주 공간으로 휩쓸린 가스와 먼지의 소용돌이로 보고 있어요. 가스와 먼지는 이 은하에서 폭발적으로 빠르게 생성되는 별들이 내뿜는 물질(항성풍)에 밀려난 것이지요. 이러한 은하를 '폭발적 별 형성(Starburst) 은하'라고 불러요. 은하가 뿜어내는 물질은 섭씨 수백만 도에 이르지요. 이 놀라운 광경이 정확히 어떻게 나타나는지 여전히 수수께끼로 남아 있지만, 몇 광년이나 떨어진 곳에서 바라보기만 해도 엄청나답니다.

메시에 82는 큰곰자리에서
큰곰의 어깨 근처에 위치해요.

큰곰자리

메시에 82

여기 보이는 붉은색은
수소 가스가 빛나고
있는 것이에요.

나선 은하

은하에는 여러 종류가 있지만 가장 아름다운 것을 꼽는다면 나선 은하를
들 수 있어요. 나선 은하에는 나이 든 노란 별들이 모여 있는 중심부와,
여러 휘어진 모양의 '팔'들이 있어요. '팔' 부분은 빛나는 붉은 성운으로
얼룩져 있으며, 별들이 떼를 지어 탄생되는 곳이지요. 천문학자들은 이 나선팔이
정확히 어떻게 만들어지는지 알아내려고 계속 연구 중이에요.
이 소용돌이 모양 '팔'들은 새들의 무리처럼 은하 중심부 주변을 돌고 있는
별들의 집합일까요? 아니면 은하를 가로지르는 거대한 물결일까요?
아마도 우리가 살고 있는 나선 은하인 우리 은하를 연구함으로써
그 답을 찾을 수 있을 거예요.

나선 은하의 팔 부분에는 보통 뜨겁고, 젊고,
푸른빛이 도는 흰색 별들이 많이 있어요.

이 나선 은하의 이름은
메시에 74로 우리 은하와
크기가 비슷해요.

렌즈형 은하

방추 은하에서 우리에게 도달한 빛은
4600만 년 전에 그 은하를 떠나 온 것이에요!

우주 깊숙한 곳을 떠도는 어떤 은하들은 완전한 타원형을 이루지 못하고 나선 은하처럼 소용돌이가 보이지도 않아요. 모양이 그 중간쯤에 있는 은하들을 '렌즈형 은하'라고 불러요. 확대경에 쓰이는 가운데가 볼록한 렌즈 모양과 비슷하기 때문이에요.

방추 은하 혹은 'NGC 5866'라 불리는 이 은하는 렌즈형 은하의 훌륭한 예가 되지요. 이 은하는 지구 옆쪽에 위치해 있어서, 우리는 그 모양을 완벽히 볼 수 있어요. 과학자들이 렌즈형 은하를 흥미로워 하는 이유는, 나선 은하가 별의 생성을 멈추었을 때 바로 렌즈형 은하가 될 수도 있기 때문이에요.

중앙 팽대부

나선형 팔의 부족

NGC 5866은 지구에서 약 4600만 광년 거리에 있어요.

이 타원 은하는
'아벨 S0740'이라는
은하단 중심부에 있어요.

타원
은하

블랙홀에서 뿜어내는 물질(제트)

타원 은하인 메시에 87 안에 있는 블랙홀이
내뿜는 제트의 크기는 우리 은하의 3분의 1 정도예요.

만약 여러분이 타원 은하 안의 어느 행성에서 별을 관찰하는 사람이었다면
밤하늘을 바라보는 게 살짝 지루했을 거예요. 이 둥근 은하는 보통
수십억 개 별들로 이루어져 있지만, 우리 은하처럼 압도될 만큼
멋진 나선 모양 같은 것은 없거든요. 또한 별을 만들어 내는 빛나는
가스 구름이나, 다른 종류의 은하에서 볼 수 있는 어둡고 먼지 가득한
성운도 대부분 없지요. 그렇다고 이 타원 은하가 덜 흥미로운 것은
아니에요! 거대한 타원 은하 중 일부는 다른 작은 은하들을 먹어 치움으로써
덩치가 커진 것으로 보이거든요. 이러한 거대한 타원 은하에는 대부분
그 중심부에 초대형 블랙홀이 있어요. 그 안에 무엇이 있을지는
아무도 모른답니다.

이 은하들은 상호 작용으로 모양이
바뀌며 긴 꼬리가 생겼어요.
그래서 '생쥐 은하'라는
별명이 붙었어요.

…… 붉은 가스는 새로운
별이 생성될 때 나타나요.

상호 작용 은하

우주 여기저기에 수많은 은하들이 모여 있어요. 그래서 서로 충돌하거나, 합쳐지거나 혹은 그 거리가 좁혀지는 일들을 피할 수 없어요. 이런 일들이 일어나면, 은하들은 서로 중력의 영향을 느끼며 춤추는 듯 움직이기 시작해요. 이 과정은 수억 년 동안 지속되지요. 이렇게 서로 영향을 주고받는 은하를 '상호 작용 은하'라고 하는데, 우주에서 흔히 관찰되어요. 두 은하가 가까이서 회전하는 동안 서로 끌어당겨 모양을 일그러뜨리거나, 반짝이는 별들의 바깥으로 흐름을 남기기도 하지요.

은하가 충돌하면 둘 사이에서 아주 많은 별들이 폭발적으로 탄생하기도 해요.

다섯 개의 은하가 함께 보이는 '스테판의 5중주' 중에서 가장 멀리 떨어진 은하는 지구에서 약 2억 7700만 광년 거리에 있어요.

스테판의 5중주

멀리 떨어진 은하들이 함께 모여 있는 것처럼 보이더라도
실제 우주에서는 그렇게 가까이 있는 것이 아닐 수도 있어요.
우리가 보는 각도에 따라 실제와 다르게 보이는 착시인 것이지요.
수평선 너머 멀리 보이는 산봉우리처럼 그 은하들이 하나로 묶여
모두 같은 거리에 있는 것 같지만, 사실은 서로 멀리 떨어져 있답니다.
스테판의 5중주(Stephan's Quintet)라고 불리는 은하들의 모임이 바로
이런 경우예요. 5개의 은하 중 4개만이 작은 무리를 이루어 우주에서
빙글빙글 돌고 있어요. 이들 가운데 두 은하는 과거에 충돌하며
별들이 이루는 모양을 비틀어서 빛나는 형태를 흩트렸지요. 5개 중 나머지
한 은하는 이 무리와 멀리 떨어져 있는데, 오히려 우리 은하와 훨씬 가까워요.
그렇다면 왼쪽 사진에서 이 남다른 은하를 골라 낼 수 있나요?
맞아요, 바로 왼쪽 위 모서리 쪽에 있는 파란색 소용돌이 모양이에요.

스테판의 5중주는 1876년 프랑스 천문학자인
어두아르드 스테판이 발견했어요.

국부 초은하단

국부 초은하단 중심부는 지구에서
약 520만 광년 거리에 있어요.

이웃 은하들이 이루고 있는 '국부 은하군'을 우리 동네 이웃이라고 생각한다면, '국부 초은하단'은 우리 모두가 살고 있는 거대한 도시라고 할 수 있어요. 다양한 종류의 믿을 수 없을 만큼 많은 은하들이 이루는 이 무리는 수천 개의 은하들이 살고 있는 곳으로 여겨지지요. 우리 은하도 그들 중 하나로, 이 은하들이 이루는 대도시 변두리 지역에 위치한 셈이에요.

국부 초은하단을 '처녀자리 초은하단'이라고도 불러요. 대부분 처녀자리에 자리 잡고 있기 때문이지요. 만일 여러분이 밤하늘의 이 지역을 향해 손을 뻗은 채 그대로 바라본다면, 국부 초은하단에 있는 은하들을 수백 개는 아니더라도 수십 개 정도는 덮을 수 있을 거예요!

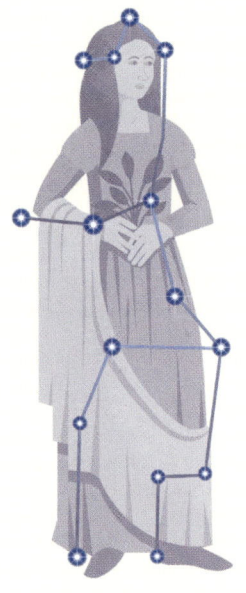

처녀자리

이 사진은 국부 초은하단 중심부에 있는 은하들의 소용돌이인 마카리안 은하 고리예요.

중력 렌즈

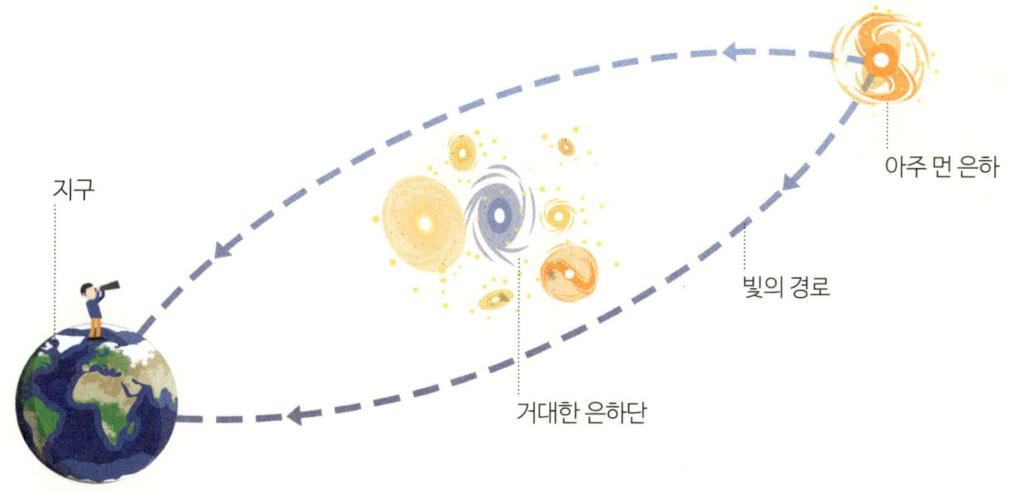

위 그림에 있는 거대한 은하단은 질량이 너무 커서 주변 공간을 휘게 해요. 이 은하단 뒤, 아주 먼 은하에서 오는 빛이 그 엄청난 중력의 영향으로 구부러지는데, 이 현상을 중력 렌즈라고 해요. 오래된 창문 유리나 망원경 렌즈를 빛이 통과할 때 일어나는 현상과 비슷해서 붙은 이름이에요. 이 현상으로 멀리 있는 은하의 모습이 왜곡되어 확대되거나 흐릿하게 보이기도 하지요. 그래서 왼쪽 사진처럼 은하들이 활 모양으로 길게 늘어져 보이는 거예요.

이 중력 렌즈 작용을 하는 은하단의 무게는 태양 질량의 약 380조 배랍니다!

중력 렌즈 현상으로,
활처럼 길고 얇게
일그러져 보이는
천체들을 찾을 수 있나요?

지금까지 나온 것 중 우주의 가장 깊은 곳을 보여 주는 사진이에요.

130억 년 전 우주

이 사진에 보이는 빛나는 점들은 대부분 멀리 떨어진 은하들이에요. 익스트림 딥 필드(eXtreme Deep Field, XDF)라는 이름의 이 놀라운 사진은 지구 궤도를 돌고 있는 허블 우주 망원경이 찍은 것이에요. 인간이 엿볼 수 있는 가장 먼 우주의 모습 중 하나인 이 사진을 담아내려고 허블 우주 망원경은 3주 넘게 빛을 모았지요. 사실, 이 사진을 마주한 여러분은 130억 년 전 과거를 바라보고 있는 것이랍니다. 사진 속 가장 희미한 주황빛 은하들은 130억 광년 떨어져 있기 때문이에요. 미래의 우주 망원경들은 허블 우주 망원경이라는 걸작보다 더 멀리 보려 하겠지요. 우주가 어떻게 이루어져 있는지 더 많은 것을 알아낼 거라는 기대를 품은 채 말이에요.

허블 우주 망원경은 1990년부터 궤도를 돌며 사진을 찍고 있어요.

익스트림 딥 필드는 수십억 년 전 은하를 보여 주어요.

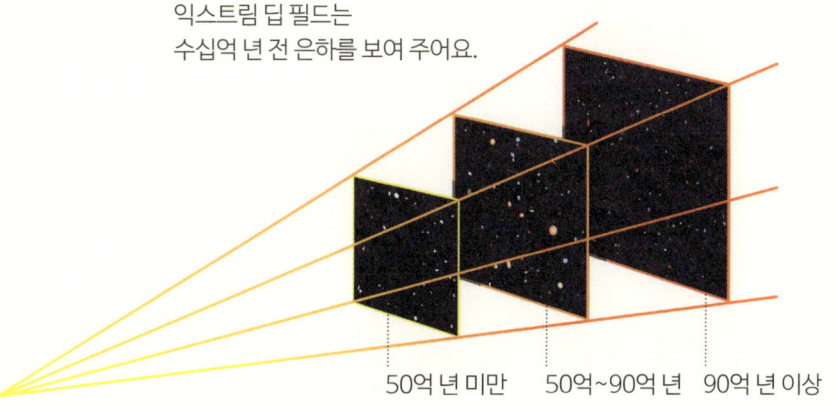

50억 년 미만   50억~90억 년   90억 년 이상

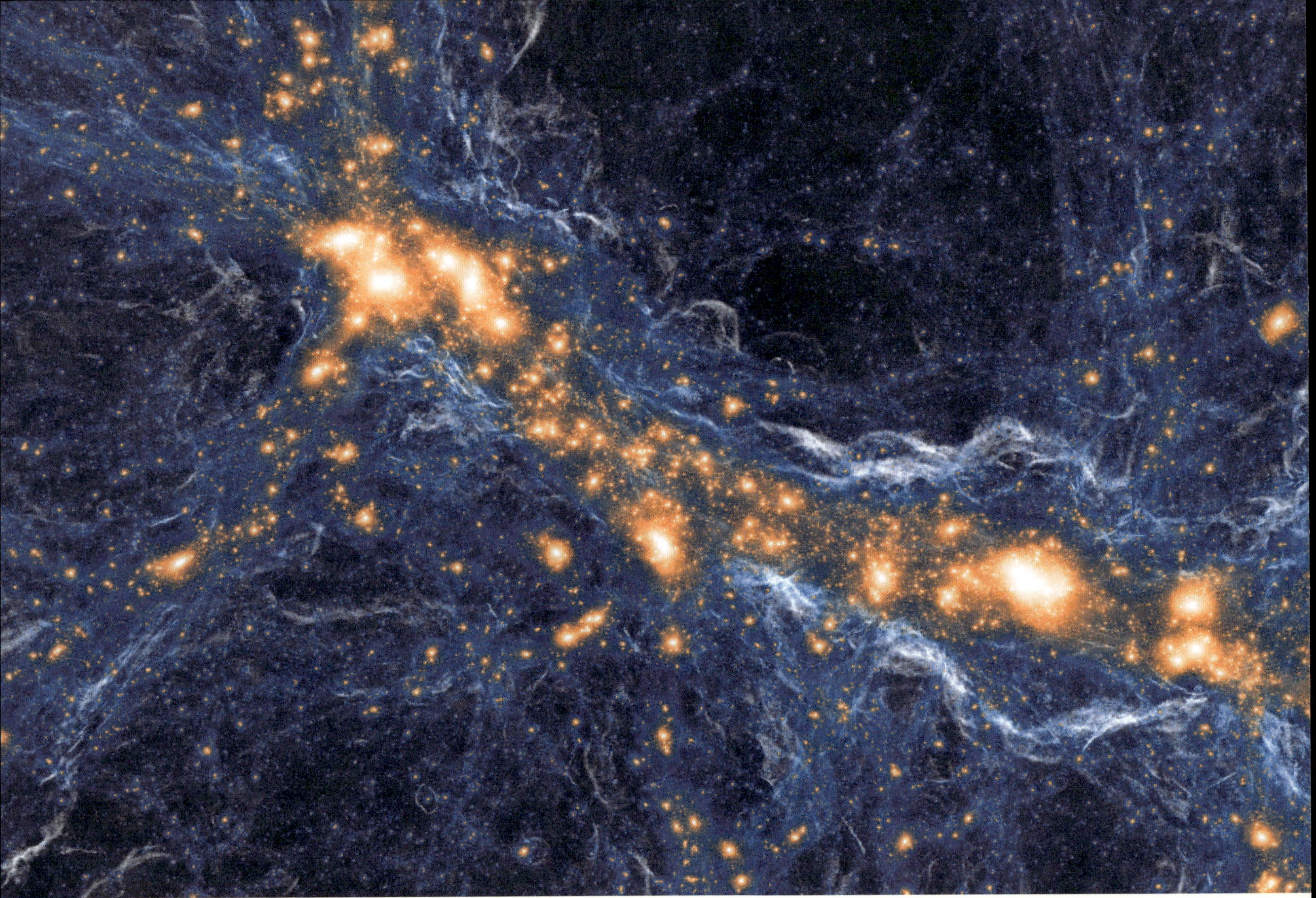

이 그림은 가스 필라멘트 (은하단 사이를 잇는 실 가닥)로 연결된 은하단을 보여 주어요.

우주 망
(우주 거대 구조)

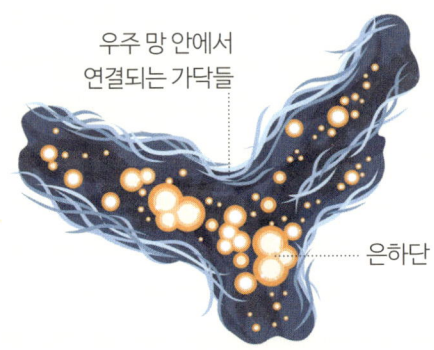

우주 망 안에서 연결되는 가닥들

은하단

천문학자들은 멀리 떨어진 수많은 은하들의 거리를 표로 나타냄으로써,
우주의 거대 구조를 지도로 만들어 낼 수 있었어요. 그리하여 수많은
은하들과 또 다른 물질들로 이루어진 우주가 스폰지 내부와 비슷한 구조라는
사실을 밝혀냈지요. 그 내부는 비교적 비어 있는 거대한 공간을,
수많은 은하와 암흑 물질이 실과 같은 모양으로 둘러싸고 있었어요.
오늘날 과학자들은 성능이 아주 뛰어난 슈퍼컴퓨터로 이렇게 특이한 모양이
어떻게 이루어졌는지 조사하고 있어요. 우주 망(The Cosmic Web)의 비밀을
밝히는 데 점점 더 가까워지고 있는지도 몰라요!

거대한 은하단은 우주 망의 가닥들이
서로 만나는 곳에서 만들어질 수 있어요.

우주 배경 복사는 미세한 온도 차이가 있는데, 붉은색은 더 뜨겁고 파란색은 온도가 낮아요.

우주 최초의 빛

우주의 많은 곳(이 책에서 가 보았던 먼 행성들과 멀리 떨어진 은하들)을 탐험한 우리는 이제 우주를 가득 채우는 무언가에 이르렀어요. 직접 볼 수는 없는 것이지만, 천문학자들은 특별한 망원경으로 관측할 수도 있지요. 과연 무엇일까요?

바로 빛의 일종으로, 정확히는 전파의 하나인 마이크로파예요. 우주의 모든 방향에서 관측되는데 우주 배경 복사 혹은 우주 마이크로파 배경(Cosmic Microwave Background, CMB)이라고 불러요. 천문학자들은 우주 배경 복사가 우주가 탄생했던 직후부터 지금까지 남아 있는 빛이라고 생각해요. 그 탄생은 우리가 거의 알 수 없는 우주 대폭발, 바로 빅뱅을 말하지요.

우주 배경 복사를 바탕으로, 천문학자들은 우주의 나이를 약 137억 5000만 년으로 추정해요.

빅뱅

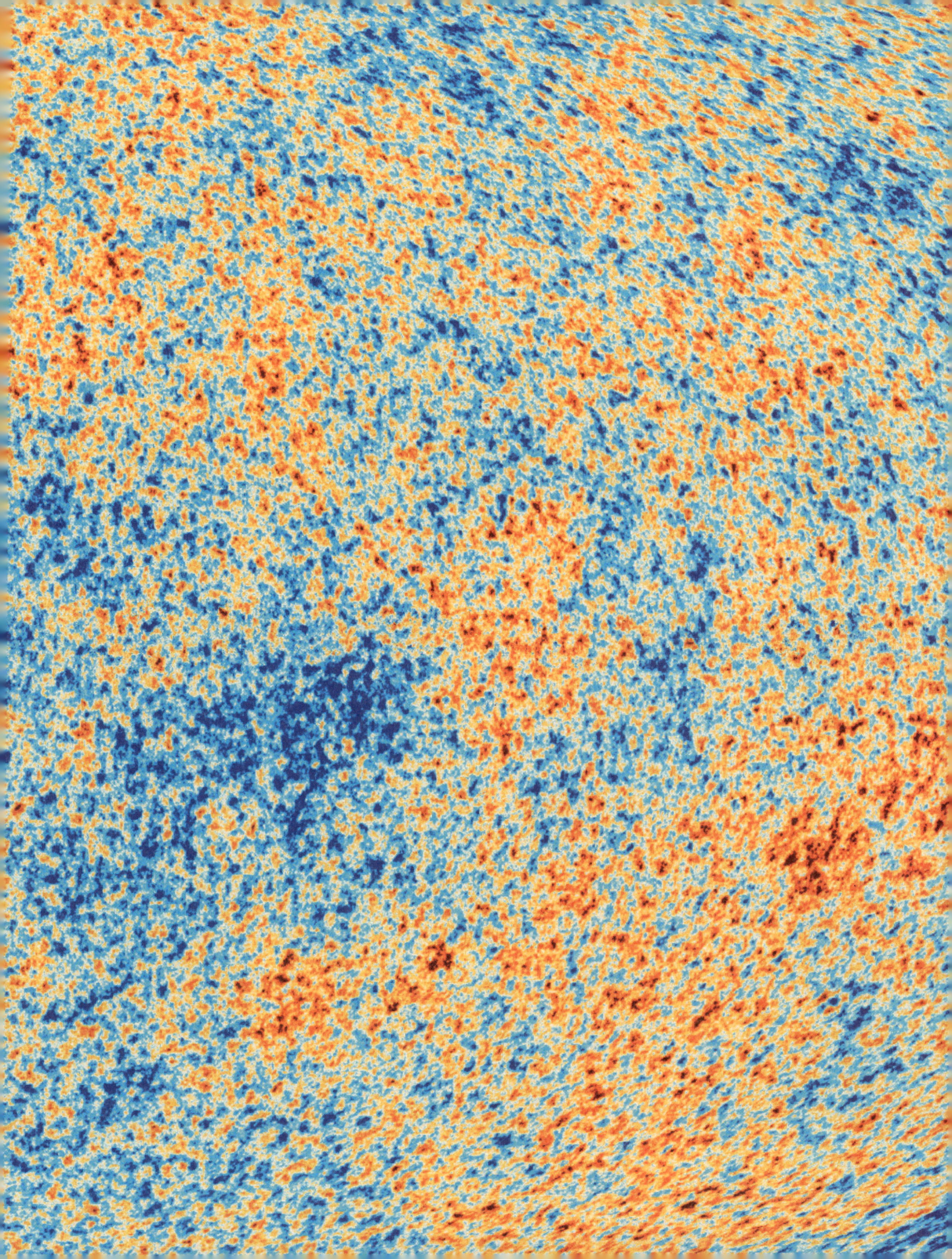

국부 은하군

우리 은하(은하수)

태양계

우주여행

만약 빛의 속도로 여행한다고 해도
국부 은하군을 벗어나는 데
수백 만 년이 걸릴 거예요!

국부 초은하단

우주 망

우리 모험은 정말 놀라웠어요. 밤하늘을 올려다보는 것으로 시작했는데, 그곳에는 인류가 수천 년 동안 우러러보며 감탄한 광경이 있었지요. 태양계를 여행하며, 과학이 아직까지 풀어내지 못한 수수께끼가 우리가 살고 있는 곳 가까이에도 있다는 것을 알게 되었어요. 우리 행성계를 떠나, 우리 은하(은하수) 안으로 그리고 이 별들이 만들어 낸 거대한 소용돌이 안에 흩어진 경이로움 속으로 모험을 떠났지요. 마지막에는 멀리 떨어진 거대한 우주 공간의 비밀을 탐험했는데, 그곳에는 여러 종류의 은하 수십억 개가 흩어져 있었어요. 그런데 그것으로 끝난 것이 아니에요. 이 짜릿한 우주여행에서 미래의 탐사는 우리를 어디로 데려갈까요?

북반구 하늘의 별자리들

북반구의 별자리는 작은곰자리에 있는
북극성에 가까운 지점을 중심으로 회전해요.

북반구의 밤하늘에는 계절에 따라 다르게 보이는 별자리들이
놀랍도록 다양해요. 겨울에는 쌍둥이자리, 황소자리
그리고 마차부자리가 쌍안경으로 볼 수 있는 성단과 함께
흩뿌려지지요. 여름에는 은하수 중앙의 웅장한 광경을 볼 수도
있어요. 궁수자리, 방패자리 그리고 독수리자리를 지나가는
셀 수 없이 많은 별들이 자욱한 안개처럼 펼쳐지지요. 봄과 가을은
우리 은하에서 멀리 떨어진 우주 깊숙한 곳을 볼 수 있는 때예요.
또한 처녀자리, 머리털자리, 삼각형자리, 안드로메다자리와 같은
별자리 안에 숨어 있는 먼 은하도 볼 수 있답니다.

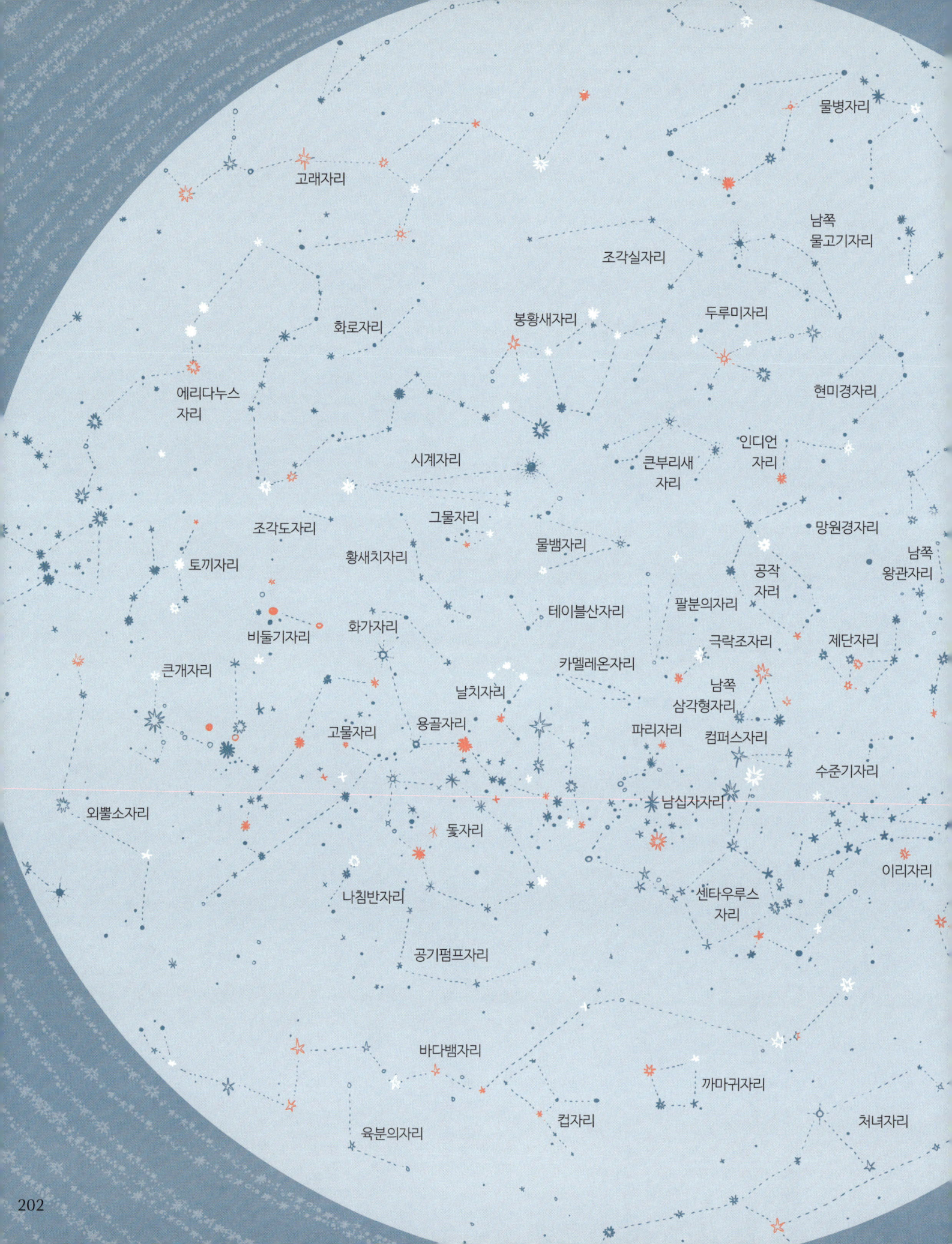

남반구 하늘의 별자리들

남반구에서 볼 수 있는 날치자리는
날아다니는 물고기 모양이에요.

염소자리
독수리자리
궁수자리
방패자리
뱀(꼬리)자리
전갈자리
뱀주인자리
천칭자리

적도
남반구 하늘의 별자리들
남극

남반구에서 바라보는 밤하늘에는 지구에서 볼 수 있는 천체들의 숨 막힐 듯 아름다운 광경이 담겨 있어요. 남반구에서는 우리 은하의 중심부를 볼 수 있기 때문이에요. 그 부분은 전갈자리, 궁수자리, 뱀주인자리가 있는 쪽에 있지요. 이 지역은 밝은 성운과 빛나는 성단 그리고 어두운 먼지 구름들로 가득 차 있어요. 남쪽 밤하늘에서는 놀라운 대마젤란 은하와 소마젤란 은하뿐만 아니라, 센타우르스자리에 있는 구상 성단인 오메가 센타우리도 볼 수 있답니다.

우주 탐험의 역사

우리가 살고 있는 지구에서, 수천 년 동안 인간은
우주의 신비를 풀려고 노력해 왔어요.
그 위대한 업적들 가운데 몇 가지를 살펴보도록 해요.

1840년대
로스 경이 아일랜드 비르에서 거대한 망원경으로 은하를 관찰하다.

1846년
요한 갈레와 하인리히 다레스트가 해왕성을 발견하다.

1786년
캐롤라인 허셜이 첫 번째 혜성을 발견하다.

1888년
윌리어미나 플레밍이 말머리 성운을 발견하다.

1908년
큰 소행성 혹은 혜성이 지구 대기권에 진입하여 시베리아 상공에서 폭발하다.

1912년
헨리에타 리비트가 은하가 얼마나 멀리 떨어져 있는지 계산하는 데 도움이 되는 중요한 발견을 하다.

1925년
세실리아 페인이 별이 무엇으로 이루어져 있는지에 대한 획기적인 연구를 발표하다.

기원전 567년
바빌론의 천문학자들이 북극광을 처음 목격했을 것으로 여겨지다.

기원후 400년경
알렉산드리아의 히파티아가 천문학과 수학에 대한 책을 쓰다.

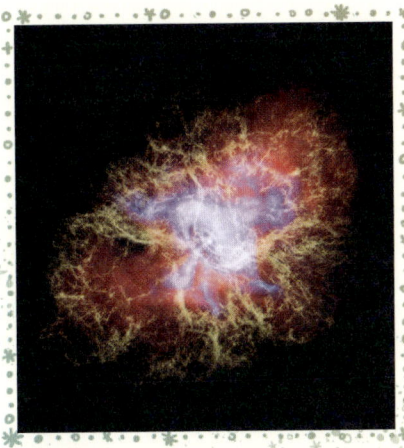

1054년
중국 천문학자들이 오늘날 볼 수 있는 게 성운을 생성한 초신성을 목격하다.

1781년
윌리엄 허셜이 영국 배스에서 천왕성을 발견하다.

1610년
갈릴레오 갈릴레이가 망원경으로 목성의 가장 큰 4개의 위성을 관찰하다.

1609년
토마스 해리엇이 달을 망원경으로 관측하는 최초의 연구 중 일부를 수행하다.

1543년
폴란드 천문학자 니콜라우스 코페르니쿠스가 태양 중심 우주론을 발표하다.

1929년
에드윈 허블이 우주는 끊임없이 팽창하고 있음을 발견하다.

1930년
유진 델포르트가 오늘날 인정되는 88개 별자리의 경계를 정하다.

1930년
클라이드 톰보가 카이퍼대에서 명왕성을 발견하다.

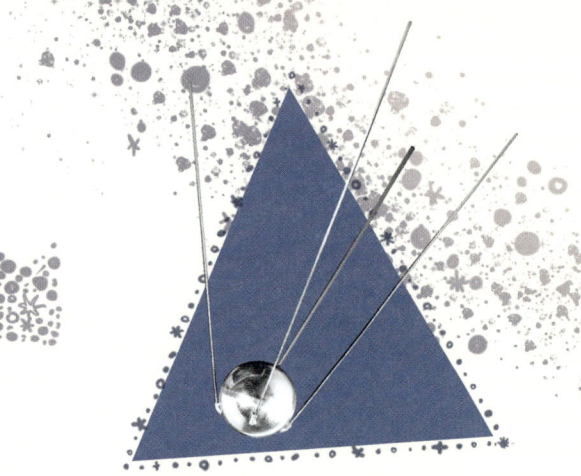

1957년
소련에서 최초의 인공위성인 스푸트니크 1호가 발사되다.

1964년
과학자들이 우주 배경 복사를 발견하다.

1967년
조슬린 벨 버넬이 펄사를 발견하다.

1992년~현재
천문학자들이 우리 은하 중심부의 블랙홀 주위를 움직이는 별들을 연구하다.

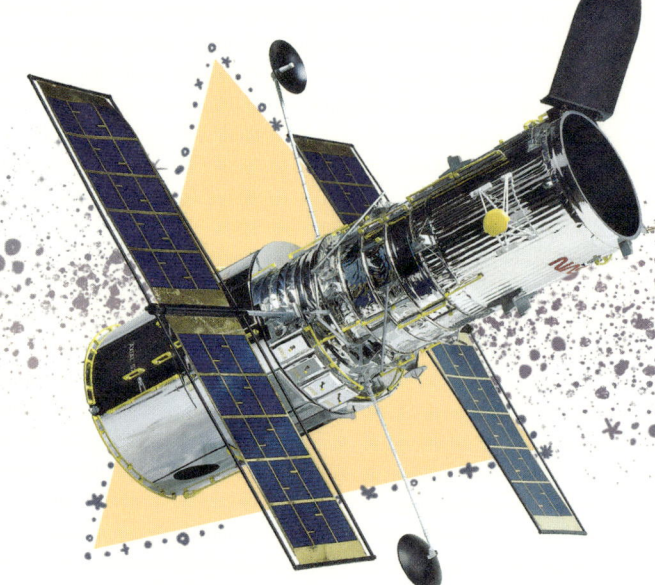

1992년
명왕성 이후 첫 번째 천체가 카이퍼대 안에서 발견되다.

1990년
허블 우주 망원경이 우주 왕복선 디스커버리 호에 의해 발사되다.

1999년
블랙홀과 중성자별과 같은 천체를 연구하기 위해 찬드라 X선 관측선이 발사되다.

2003년
갈릴레오 탐사선이 목성과 그 위성들의 탐사를 마치다.

2003년
스피처 우주 망원경이 우주의 적외선을 연구하기 위해 발사되다.

1969년
아폴로 11호 탐사에 참여한 우주 비행사들이 인류 최초로 달에 발을 딛다.

1970년대 ~ 1980년대
소련의 베네라 탐사선이 금성 표면에 착륙하다.

1970년대 초반
처음으로 탐사선이 화성 표면에 성공적으로 착륙하다.

1980년대 후반
천문학자들이 다른 별의 주변을 도는 행성을 처음으로 발견하다.

1987년
대마젤란 은하에서 초신성 1987A가 폭발하다.

1977년
태양계 외부의 행성들을 탐사하기 위해 보이저 계획을 시작하다.

2004년
미국 항공 우주국의 카시니 계획에 따라 탐사선이 토성 주위를 도는 궤도에 진입하다.

2004년
쌍둥이 로봇 탐사차인 스피릿과 오퍼튜니티가 화성에 착륙하다.

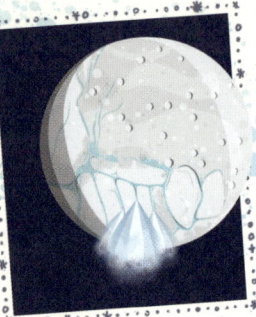

2005년
카시니 호가 토성의 위성 엔셀라두스에서 분출되는 얼음 물질 기둥을 발견하다.

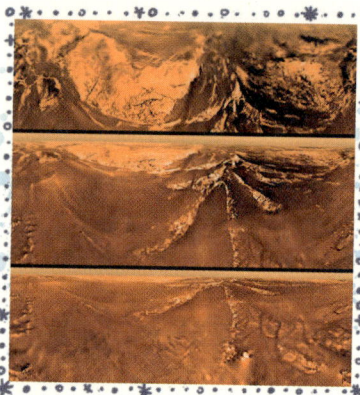

2005년
유럽 우주국의 하위헌스 탐사선이 낙하산을 이용해 토성의 위성인 타이탄의 표면에 도착하다.

2006년
스타더스트 호가 혜성 먼지 샘플을 지구로 돌려보내다.

2014년
유럽 우주국의 로제타 계획으로, 탐사선이 추류모프-게라시멘코 혜성에 도달하다.

2013년
천문학자들이 우리 은하의 지도를 만들고자 가이아 우주선을 발사하다.

2014년
유럽 우주국의 필레 착륙선이 추류모프-게라시멘코 혜성에 충돌하며 착륙하다.

2015년
돈(Dawn) 계획으로, 탐사선이 왜소행성 세레스 주위의 궤도에 진입하다.

2015년
미국 항공 우주국의 뉴호라이즌스 호가 명왕성에 근접한 첫 번째 비행을 하다.

2015년
천문학자들이 우주를 통과하는 중력파를 처음으로 감지하다.

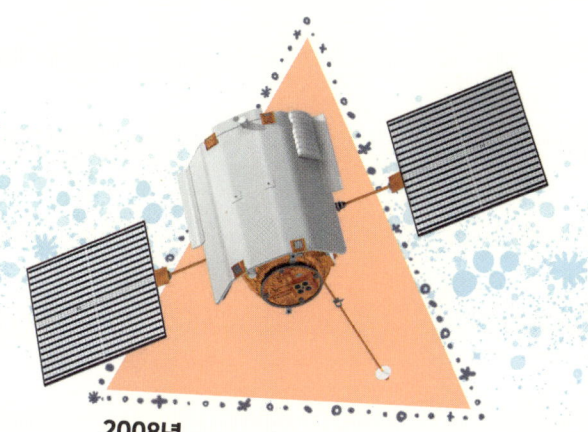

2008년
메신저 계획으로 탐사선이 수성에 도착, 가장 작은 행성을 연구하다.

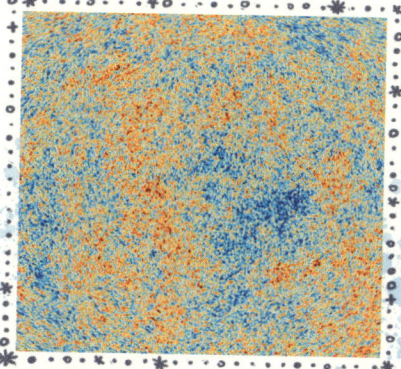

2009년
유럽의 플랑크 위성이 우주 배경 복사의 상세한 지도를 만들어 내다.

2009년
다른 별 주위에 있는 행성들을 찾기 위해 케플러 우주선이 발사되다.

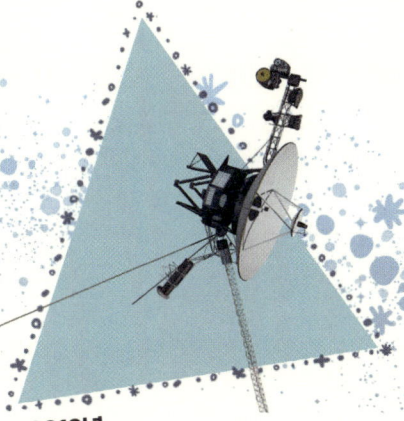

2012년
탐사선인 보이저 1호가 태양계를 벗어나다.

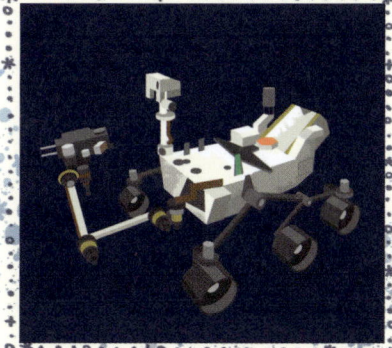

2012년
미국 항공 우주국의 탐사 차량인 큐리오시티가 화성에 착륙하다.

2012년
허블 우주 망원경이 허블 익스트림 딥 필드 이미지를 완성하다.

2017년
다른 항성계에서 온 소행성 오무아무아가 태양계를 통과하는 모습이 포착되다.

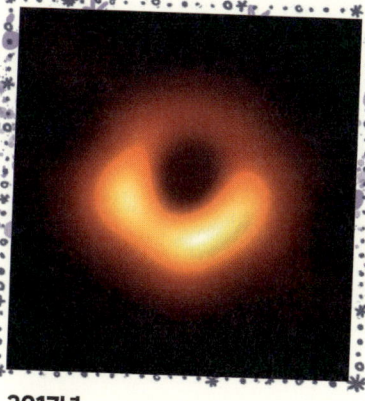

2017년
이벤트 호라이즌 망원경이 초대형 블랙홀의 윤곽이 드러나는 첫 사진을 찍다.

2019년
뉴호라이즌스 호가 카이퍼대 안의 천체 아로코스를 지나 날아가다.

용어 풀이

갈릴레이 위성
목성의 가장 큰 4개의 위성인 이오, 유로파, 가니메데, 칼리스토로 천문학자 갈릴레오 갈릴레이가 처음 발견하여 '갈릴레이 위성'으로 알려졌어요.

광년
지구에서의 1년 동안 빛이 이동한 거리. 광년은 별이나 은하같이 우주에서 서로 멀리 떨어진 천체들 사이의 엄청난 거리를 나타내는 단위예요.

구상 성단
은하 주위를 돌고 있는 별들이 공 모양으로 빽빽이 모인 집단. 작은 망원경만으로도 밤하늘에서 우리 은하의 구상 성단 중 많은 별들을 볼 수 있어요.

나선 은하
납작한 원반 형태에, 나선팔이라는 소용돌이 모양의 구조로 이루어진 은하의 한 종류. 우리 은하와 근처의 안드로메다 은하 모두 나선 은하에 속해요.

달의 바다
달 표면에서 매끄럽고 어두운 부분. 이 부분은 달의 화산 활동으로 생긴 현무암으로 이루어져 있어요.

대기
일반적으로 행성이나 달의 단단한 몸체를 둘러싸고 있는 기체층. 지구의 대기는 대부분 질소로 이루어져 있어요.

렌즈형 은하
렌즈와 비슷한 모양의 나선팔이 없는 은하.

망원경
우주를 탐험하고 연구하는 데 사용되는 도구. 망원경은 거울이나 렌즈(때로는 둘 다)를 사용하여 밤하늘의 천체들에게서 빛을 모으는 방식으로 작동해요. 우리 눈보다 더 많은 빛을 모을 수 있으므로, 천문학자들은 망원경을 사용해 멀리 떨어진 은하와 성운 같은 희미한 대상들을 조사해요. 오늘날에는 천체 모습을 담고, 그 밖의 과학적 정보를 기록하려고 망원경에 특수 카메라를 사용하지요.

빅뱅
우주의 탄생을 알리는 수수께끼 같은 사건에 붙은 이름. 여전히 과학자들은 빅뱅이 일어나는 동안 무슨 일이 있었는지 이해하려고 노력하지요. 우리가 알 수 있는 사실은 초기 우주가 엄청나게 뜨거웠고, 그 크기가 빠르게 팽창하여 결국 광대한 우주가 되었다는 것이에요.

산개 성단
은하 안의 비교적 느슨하게 채워진 별들의 무리. 보통 성운에서 함께 생성된 젊은 별들로, 무리 안에 떠 있지만 일반적으로 시간이 지나며 은하로 퍼져 나가요. 밤하늘에 맨눈이나 쌍안경으로 볼 수 있는 산개 성단이 많아요.

성운
우주에 떠 있는 가스와 먼지가 구름 모양으로 뭉친 천체.

소행성
일반적으로 암석이나 금속들로 이루어진 작고 울퉁불퉁한 태양계의 천체. 많은 소행성들은 행성이 만들어지는 과정에서 남겨진 물질일 거예요.

소행성대
화성과 목성 사이에 위치한, 수천 개의 소행성이 있는 고리 모양 지역. 왜소행성인 세레스도 소행성대 안에서 공전 궤도를 돌고 있어요.

수소
우주 전체에서 발견되는 화학 원소. 대부분의 별들은 주로 수소로 이루어져 있으며, 수소가 내는 빛 때문에 성운이 아름답고 붉게 빛나요.

오르트 구름
얼음과 혜성 같은 천체들로 이루어진 거대한 공 모양 집단. 이것이 태양계를 둘러싸고 있다고 여겨지지요.

왜소행성
위성이나 8개의 주요 행성에도 속하지 않는 작고 둥근 천체. 현재 명왕성과 세레스를 포함하여 5개의 왜소행성이 인정되어요.

외계 행성
태양계 밖에서 다른 별을 돌고 있는 행성. 우리 은하에도 수십억 개나 있을 거예요.

우리 은하
우리가 속해 있는 은하의 이름. 태양은 이 거대하고 반짝이는 소용돌이 속에 존재하는 2,000~4,000억 개의 별들 중 하나예요.

운석
지구 대기를 통과하여 지구 표면에 착륙한 우주 암석 또는 그 파편.

원시 행성 원반
어린 별 주위를 돌고 있는 거대하고 납작한 원반 모양의 가스와 먼지 덩어리. 행성은 이 원반에서 생겨나는 것으로 여겨져요.

유성
별똥별을 학문적으로 부르는 이름. 지구의 대기 상층부에 충돌할 때 증발하면서 잠시 동안 빛나는 우주 먼지의 작은 조각.

은하
수천 개 혹은 수백만 개, 때로는 수십억 개의 별들이 우주에서 함께 소용돌이치는 거대한 집단.

은하 중심
우리 은하의 중심부를 가리키는 말. 은하 중심에는 그 주위를 별들이 빙빙 돌고 있는 초대형 블랙홀이 있어요.

은하단
우주에서 비교적 가깝게 모여 떼를 이루는 여러 은하들의 모임.

중력
태양을 공전하는 행성들, 지구를 공전하는 달 그리고 다른 천체들 사이에서 은하를 이루어 함께 궤도를 돌고 있는 별들의 집단을 유지하는 힘. 우리가 느끼는 중력은 지구의 엄청난 질량으로 공간이 왜곡된 결과예요. 거대한 행성, 별, 블랙홀처럼 질량이 더 큰 것들은 공간을 더욱 더 왜곡시킴으로써 더 강한 중력을 일으키지요.

지구 반사광
지구의 구름, 바다, 육지에서 우주로 흩어진 빛이 달에 도달해, 어두운 쪽 부분을 희미하게 비추는 현상.

천문학
밤하늘과 별, 행성, 은하 등 그곳의 모든 천체에 대한 연구.

초신성
죽어 가는 별의 매우 강력한 폭발.

카이퍼대
해왕성의 궤도 너머, 작고 얼어붙은 많은 천체들을 포함하고 있는 태양계의 넓은 영역. 명왕성은 카이퍼대 안에서 태양을 공전하고 있어요.

타원 은하
공처럼 둥근 모양이거나, 럭비공과 비슷한 모양인 은하의 한 종류. 타원 은하에는 우리 은하와 같은 나선팔이 없어요.

태양
태양계의 중심에 있는 별.

태양계
행성, 위성, 소행성, 혜성을 포함하여 태양을 공전하고 있는 다양한 천체들의 모임.

행성
태양계에 있는 8개의 주요 천체인 수성, 금성, 지구, 화성, 목성, 토성, 천왕성, 해왕성. 다른 별(항성) 주위에도 역시 행성들이 있어요.

허블 우주 망원경
지구 주위를 도는 너비가 2.4미터인 거울이 달린 대형 망원경. 이 망원경으로 우주를 더 자세히 볼 수 있게 되었으며, 반짝이는 성단과 멀리에 있는 은하들의 사진을 매우 자세히 보여 줍니다.

혜성
주로 얼음과 먼지로 구성된 얼어붙은 태양계의 천체. 소행성과 마찬가지로 모양이 다양하며, 대부분 태양계 바깥쪽에 있어요. 그러나 혜성이 태양 쪽으로 다가오면 먼지와 가스로 이루어진 긴 꼬리가 나타날 수 있지요.

그림 목록

지구의 대기 4쪽 밤하늘 6쪽 유성 8쪽 운석 10쪽

오로라 12쪽 별자리 14쪽 달 16쪽

달의 위상 18쪽 월식 20쪽 지구 반사광 22쪽

달의 바다 24쪽

달의 구덩이 26쪽

달에서 걷기 28쪽

태양 30쪽

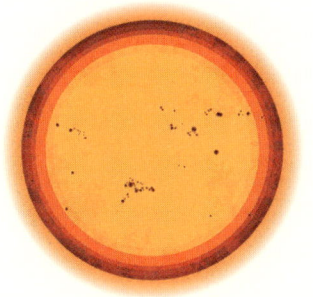
흑점 32쪽

홍염 34쪽

개기 일식 36쪽

태양계 38쪽

암석형 행성 40쪽

수성 42쪽

수성의 태양면 통과 44쪽

칼로리스 분지 46쪽

금성 48쪽

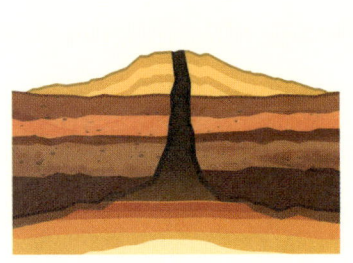
금성의 화산 50쪽

금성의 구름 52쪽

화성 54쪽

매리너 계곡 56쪽

올림푸스 몬스 58쪽

화성의 먼지바람 60쪽

화성의 물 62쪽

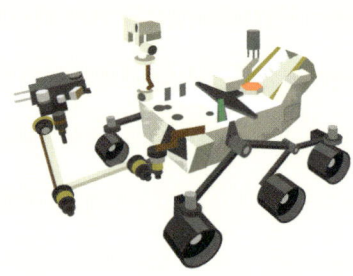
화성 탐사 64쪽

화성의 위성들 66쪽

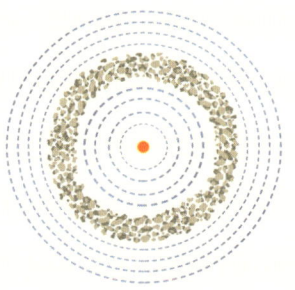
소행성 68쪽

세레스 70쪽

기체형 행성 72쪽

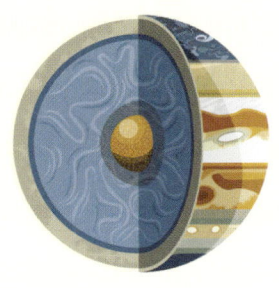
목성 74쪽

목성의 구름 76쪽

목성의 붉은 소용돌이 78쪽

유로파 80쪽

이오와 화산들 82쪽

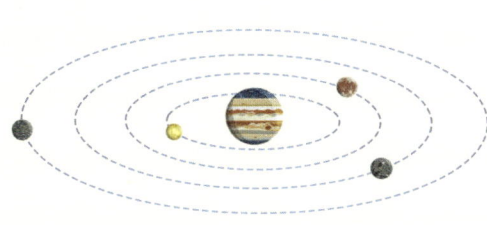
칼리스토와 가니메데 84쪽

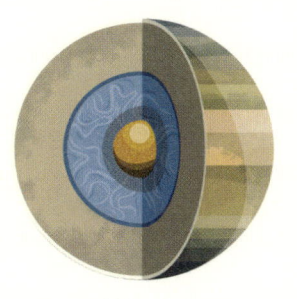
토성 86쪽

토성의 얼음 고리 88쪽

토성의 육각형 구름 90쪽

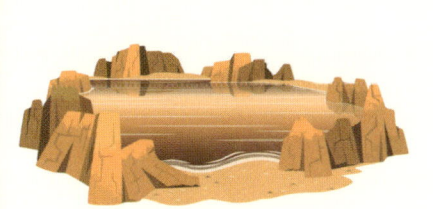
타이탄 92쪽

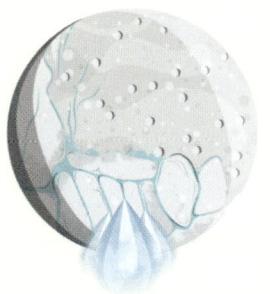
엔셀라두스 94쪽

이아페투스 96쪽

천왕성 98쪽

해왕성 100쪽

트리톤 102쪽

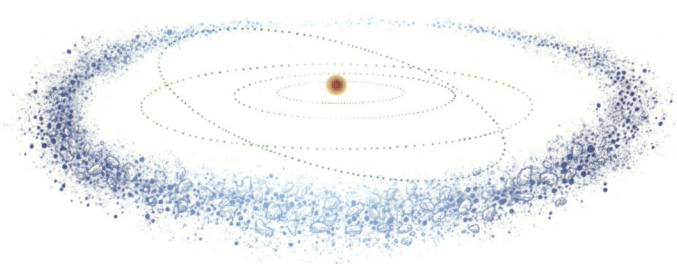
카이퍼대 104쪽

215

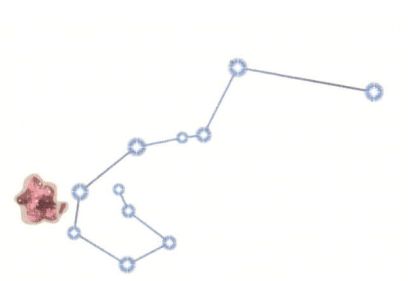
용골자리 에타 140쪽

초신성 142쪽

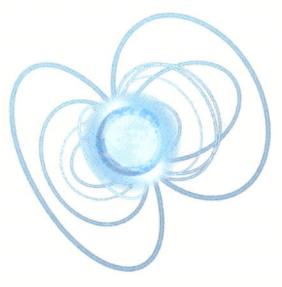
중성자별 144쪽

블랙홀 146쪽

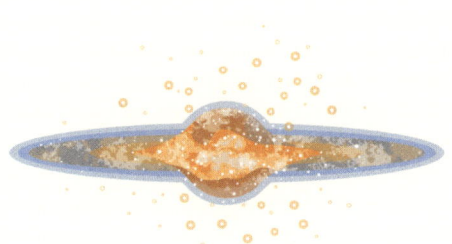
구상 성단 148쪽

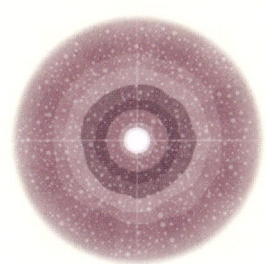
성운 150쪽

발광 성운 152쪽

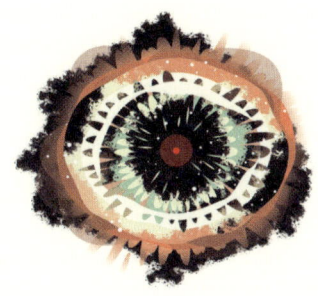
행성상 성운 154쪽

암흑 성운 156쪽

반사 성운 158쪽

은하 중심 160쪽

창조의 기둥 162쪽

초신성 잔해 164쪽

은하 166쪽

국부 은하군 168쪽

217

왜소 은하 170쪽

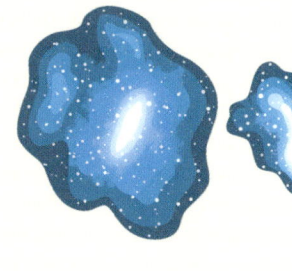
마젤란 은하 172쪽

안드로메다 은하 174쪽

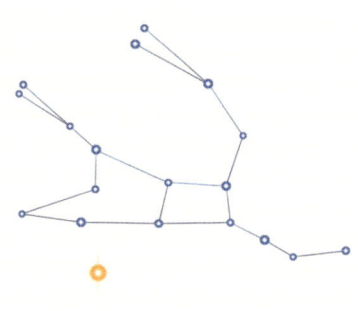
폭발적 별 형성 은하 176쪽

나선 은하 178쪽

렌즈형 은하 180쪽

타원 은하 182쪽

상호 작용 은하 184쪽

스테판의 5중주 186쪽

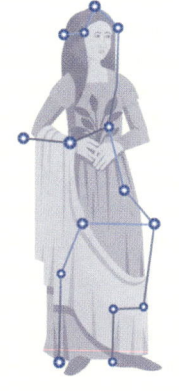
국부 초은하단 188쪽

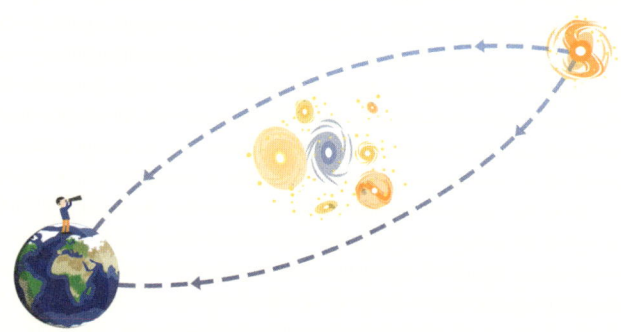
중력 렌즈 190쪽

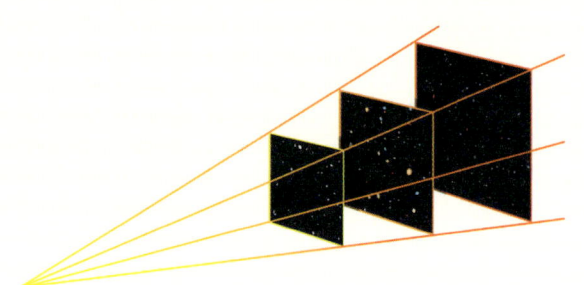
130억 년 전 우주 192쪽

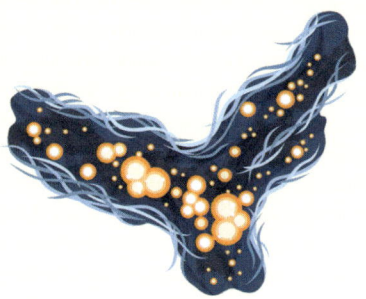
우주 망 194쪽

우주 최초의 빛 196쪽

이 책을 넘어서

이 책을 읽은 뒤, 우리가 살고 있는 우주가 얼마나 경이로운지 알 수 있기를 바랍니다. 우주는 숨이 멎을 듯한 규모에, 엄청난 아름다움과 굉장한 수수께끼들로 가득 차 있지요. 별들과 행성들, 심지어 은하 전체에 대한 과학자들의 궁금증은 우리가 살아가는 동안 풀릴 수도 있겠지만 항상 더 많은 의문이 생겨날 거예요.

여러분도 계속해서 우주를 탐험하다 보면 분명 궁금증이 생기겠지요. 질문하는 것을 두려워하지 마세요! 그것이 우리 주변과 그 너머의 세계를 배우고 알아 가는 방법이니까요. 언젠가는 여러분이 이 흥미진진한 우주의 신비를 푸는 데 도움이 될 거예요.

월 게이터

찾아보기

ㄱ

가니메데 74, 84-85, 210
갈릴레이 위성 81, 210
거문고자리 15, 157, 201
공전 15, 18-19, 39, 43, 106, 112, 210-211
광구 33
광년 124, 138, 162, 169, 175-176, 180, 187-188, 192, 210
구상 성단 149, 203, 210
국부 은하군 168-169, 188, 198
국부 초은하단 188, 199
궤도 16, 38, 62, 69, 72, 74, 100, 105, 112, 119, 193, 207-208, 210-211
그리스 신화 15, 103
금성 38, 40-41, 44, 48-51, 53, 207, 211
기체형(목성형) 행성 41, 72-73

ㄴ

나선 은하 167, 174-175, 179-180, 210
나선팔 121, 174, 179, 210
남극광 12-13
남반구 12, 102, 124, 141, 150, 173, 203
뉴호라이즌스 호 105, 109, 208-209

ㄷ

달 16, 18, 19, 21, 24, 27-29, 36, 96, 210-211
대기 21, 35-36, 48, 53, 61, 65, 72, 77-78, 91, 93, 99-100, 108, 135, 204, 210-211
데이모스 66-67
독수리 성운 162

ㄹ

렌즈형 은하 180, 210

ㅁ

마젤란 은하 169, 173
매리너(마리너) 계곡 56
명왕성 104-109, 205-206, 211
미국 항공 우주국(NASA) 65, 69, 71, 83, 111, 207-209

ㅂ

바다 22, 24-25, 48, 62, 71, 81, 85, 92, 94, 103, 149, 210-211
반사 성운 158
발광 성운 153
백색 왜성 142
베텔게우스 138-139
별의 흐름 170
별자리 15, 124, 175, 200, 203, 205
보리소프 118
북극광 12-13, 205
북반구 12, 22, 62, 77, 137, 175, 200
블랙홀 146, 161, 183, 206, 209, 211
빅뱅 196, 210

ㅅ

사다리꼴 성단 129
산개 성단 130, 210
산소 5, 13, 162
상호 작용 은하 185
생명체 30, 55, 65, 81, 84, 94, 135
성군 15
성운 127, 129, 141, 150, 162, 173, 179, 183, 203, 210
세레스 39, 170-171, 208, 210-211
소행성 8, 16, 24, 27, 39, 43, 46, 66, 68-72, 106, 110, 118, 204, 209-211
소행성대 39, 68-69, 71-72, 210
수소 30, 72, 74, 77, 86, 99-100, 153, 162, 176, 210
스테판의 5중주 187
쌍둥이자리 8, 200

ㅇ

아로코스 110, 209
아폴로 계획 29
아후나 몬스 70
안드로메다 은하 169, 174-175, 210
암석형(지구형) 행성 40-41, 71

암흑 성운 156-157
엔셀라두스 86-87, 94-95, 208
오로라 5, 12-13, 36, 86, 99
오르트 구름 111, 124, 210
오리온자리 15, 123, 139, 157-158
오무아무아 118-119, 209
올림푸스 몬스 59
왜소 은하 167, 170
왜소행성 208, 210-211
외계 행성 44, 134-135, 211
용골자리 에타 141
우리 은하(은하수) 142, 146,
    149-150, 157-158, 161,
    167-170, 173-175, 179, 183,
    188, 198-200, 203, 206, 208,
    210-211
우주 배경 복사(우주 마이크로파 배경)
    196, 206
운석 10-11, 46, 71, 211
원시 행성 원반 132-133, 211
원시별 127
원자핵 30, 145
월식 21
유로파 74, 81, 84, 210
유성 5-8, 211
이산화탄소 5, 53
이아페투스 96-97

이오 74, 82, 84, 210
익스트림 딥 필드(XDF) 193, 209
인공위성 35, 206

ㅈ

자기장 12, 33, 35, 145
자전 75, 97, 118
중력 66, 89, 102, 105, 146, 181,
    185, 211
중력 렌즈 191
지구 반사광 22, 211
직녀별 15, 137
질량 134, 142, 146, 155, 191,
    211

ㅊ

창조의 기둥 162
천왕성 38, 41, 72-73, 99, 205,
    211
초신성 139, 142, 145, 150, 165,
    205, 207, 211

ㅋ

카이퍼대 39, 104-106, 110,
    205-206, 209, 211
칼로리스 분지 46
칼리스토 74, 84-85, 210

코로나 30, 35-36

ㅌ
타원 은하 167, 183, 211
타이탄 92-93, 208
토성 39, 41, 72-73, 86-89, 91, 93-94, 96-97, 99, 207-208, 211
트리톤 102-103
티코 27

ㅍ
펄사 145, 206
포보스 66-67
폭발적 별 형성 은하 76
프록시마 센타우리 124
플라즈마 12, 35
플레이아데스 성단 130, 158

ㅎ
해왕성 39, 41, 72-73, 100, 102, 105, 117, 204, 211
핵 30, 43, 48, 55, 74, 86-87, 99, 155
핵융합 반응 30, 123, 127
행성상 성운 155
허블 우주 망원경 110, 123-124, 193, 206, 209, 211
헬륨 30, 72, 77, 86, 99-100
혜성 39, 43, 112, 114-115, 117-118, 204, 208, 211
홍염 34-35
화산 48, 50-51, 55, 59, 71, 82, 210
화성 11, 38, 40-41, 55-56, 59, 61-62, 64-68, 71, 91, 207, 209, 210-211
흑점 73

100가지 사진으로 보는
우주의 신비

1판 1쇄 2022년 8월 30일
1판 5쇄 2025년 3월 30일
지은이 윌 게이터
그린이 안젤라 리자, 다니엘 롱
옮긴이 장이린
감수 전현성

펴낸곳 ㈜도서출판 책과함께
주소 서울시 마포구 동교로 70 소와소빌딩 2층
전화 02-335-1982 팩스 02-335-1316
전자우편 prpub@daum.net
블로그 blog.naver.com/prpub
등록 2003년 4월 3일 제2003-000392호
ISBN 979-11-91432-40-4 73440
ISBN 979-11-92913-27-8 (세트)

이 책의 한국어판 저작권은 영국 'Dorling Kindersley'와의 독점 계약으로 '㈜도서출판 책과함께'가 소유합니다. 저작권법에 의하여 한국 내에서 보호를 받는 저작물이므로 무단 전재 및 복제를 금합니다.

The Mysteries of the Universe

First published in Great Britain in 2020 by
Dorling Kindersley Limited
DK, One Embassy Gardens, 8 Viaduct Gardens,
London SW11 7BW

Copyright © Dorling Kindersley, 2020
A Penguin Random House Company
All rights reserved.
Korean Translation copyright © CUM LIBRO, 2022
Printed and bound in China

www.dk.com

지은이 윌 게이터

천문학자이자 천체 사진가입니다. 그리니치 천문대에서 주관하는 올해의 천문 사진 대회 심사 위원단으로 활동했으며 《The Cosmic Keyhole》, 《The Night Sky Month by Month》 등 여러 천문학 책을 썼습니다. 《100가지 사진으로 보는 우주의 신비》는 그가 쓴 첫 어린이용 도서로, 영국 아마존 어린이 천문학 분야에서 베스트셀러 1위에 오르기도 했습니다.

그린이 안젤라 리자, 다니엘 롱

본문의 배경과 표지 그림을 그린 안젤라 리자는 자연과 고전에서 영감을 받아 다양한 기법으로 그림을 그리고 있습니다. 본문 속 천체들을 그린 다니엘 롱은 우주의 100여 가지 장면들을 생생하게 담아냈습니다.

옮긴이 장이린

중앙대학교 국어국문학과를 졸업하고 어린이 논픽션 도서를 기획·편집하는 일을 해 왔습니다. 어린이들이 쉽게 이해할 수 있는 책을 만들기 위해 노력하고 있습니다.

감수 전현성

서울대학교 천문학과를 졸업하고 동 대학원에서 외부 은하 관측 전공으로 박사 학위를 받았습니다. 미국 항공 우주국 제트 추진 연구소에서 우주 망원경을 활용한 활동 은하 연구를 했고, 지금은 서울대학교에서 블랙홀과 은하들을 연구하고 있습니다.

일러두기

이 책의 용어는 대체로 한국천문학회의 천문학 백과사전을 따랐습니다.
이 책의 대한민국 지명은 우리나라 독자들의 이해를 돕기 위해 원서의 내용을 일부 수정한 것임을 밝힙니다.

주의: 태양을 직접 보거나 망원경, 렌즈, 카메라 등 모든 종류의 광학 기기로 관찰할 경우 실명할 수 있습니다. 저자와 출판사는 이 경고를 무시하는 독자들에게 어떠한 책임도 지지 않습니다.

사진 출처

사진 사용을 허락해 주신 분들에게 감사 말씀을 드립니다.
(Key: a-above; b-below/bottom; c-centre; f-far; l-left; r-right; t-top)

4-5 Jan Erik Paulsen. **6-7 ESO:** Y. Beletsky. **9 Science Photo Library:** Walter Pacholka, Astropics. **10 ESO:** H. Pedersen / M.Zamani. **12-13 NASA:** (b). **14 Science Photo Library:** Eckhard Slawik. **17 NASA:** NOAA. **18-19 Science Photo Library:** Eckhard Slawik. **20 Will Gater. 23 NASA:** Ken Fisher, Johnson Space Center. **25 NASA. 26 ESA / Hubble:** NASA, ESA, D. Ehrenreich (Institut de Planétologie et d'Astrophysique de Grenoble (IPAG) / CNRS / Université Joseph Fourier). **28-29 ESO:** NASA (b). **30 ESA. 31 NASA:** SDO / AIA / S. Wiessinger. **32 Stockholm University:** Mats Löfdahl, ISP / Göran Scharmer, ISP. **34-35 NASA:** GSFC / SDO. **36 NASA. 37 ESO:** P. Horálek / Solar Wind Sherpas project. **40 NASA:** Johns Hopkins University Applied Physics Laboratory / Carnegie Institution of Washington (cl); JPL (tc). **40-41 NASA:** Goddard Space Flight Center Image by Reto Stöckli (c). **41 NASA:** JPL / USGS (cra). **42 NASA:** Johns Hopkins University Applied Physics Laboratory / Carnegie Institution of Washington. **43 NASA:** Goddard Space Flight Center (c). **44-45 NASA:** Goddard Space Flight Center. **47 NASA:** Johns Hopkins University Applied Physics Laboratory / Carnegie Institution of Washington. **49 NASA:** Goddard Space Flight Center Scientific Visualization Studio. **50-51 NASA:** JPL. **52 NASA. 54-55 ESA. 56-57 NASA:** JPL-Caltech. **58 NASA:** JPL / Malin Space Science Systems. **60-61 NASA:** HiRISE, MRO, LPL (U. Arizona). **63 ESA:** DLR / FU Berlin, CC BY-SA 3.0 IGO. **64-65 NASA:** JPL-Caltech / MSSS. **66 NASA:** JPL-Caltech / University of Arizona (tl). **67 NASA:** JPL-Caltech / University of Arizona (b). **68 NASA:** JPL-Caltech / UCLA / MPS / DLR / IDA (tl); JPL (tr). **69 NASA. 70-71 NASA:** Goddard Space Flight Center. **72 NASA:** ESA, and A. Simon (NASA Goddard) (tl). **73 NASA:** The Hubble Heritage Team (STScI / AURA)Acknowledgment: R.G. French (Wellesley College), J. Cuzzi (NASA / Ames), L. Dones (SwRI), and J. Lissauer (NASA / Ames) (t); JPL-Caltech (cr); JPL (bc). **74 NASA:** JPL (ca). **75 NASA:** Enhanced image by Gerald Eichstädt and Justin Cowart based on images provided courtesy of NASA / JPL-Caltech / SwRI / MSSS. **76 NASA:** JPL-Caltech / SwRI / MSSS / Gerald Eichstadt / Sean Doran © CC NC SA. **79 NASA:** JPL-Caltech / SwRI / MSSS / Gerald Eichstadt / Sean Doran © CC NC SA. **80 NASA:** JPL-Caltech / SETI Institute. **83 NASA:** JPL / University of Arizona. **85 NASA:** JPL / DLR (tl); JPL / DLR (cr). **86-87 NASA:** JPL-Caltech / Space Science Institute. **86 NASA:** JPL-Caltech (bc). **88 NASA:** JPL. **90 NASA:** JPL-Caltech / SSI / Hampton University. **92-93 NASA:** ESA / JPL / University of Arizona. **95 NASA:** JPL / Space Science Institute. **96-97 NASA:** JPL / Space Science Institute. **98 ESA / Hubble:** Hubble & NASA, L. Lamy / Observatoire de Paris. **101 NASA:** JPL. **102-103 NASA:** JPL / USGS. **107 NASA:** Johns Hopkins University Applied Physics Laboratory / Southwest Research Institute. **108-109 NASA:** JHUAPL / SwRI. **111 NASA:** Johns Hopkins University Applied Physics Laboratory / Southwest Research Institute / Roman Tkachenko. **113 ESO:** E. Slawik. **115 ESA:** Rosetta / MPS for OSIRIS Team MPS / UPD / LAM / IAA / SSO / INTA / UPM / DASP / IDA. **118-119 NASA and The Hubble Heritage Team (AURA/STScI):** NASA, ESA, and J. Olmsted and F. Summers (STScI). **120-121 NASA:** JPL-Caltech / ESA / CXC / STScI. **122 NASA and The Hubble Heritage Team (AURA/STScI):** NASA, ESA, and H. Richer and J. Heyl (University of British Columbia, Vancouver, Canada);. **124 NASA:** Penn State University (bc). **125 ESA / Hubble:** NASA. **126 NASA and The Hubble Heritage Team (AURA/STScI):** NASA, ESA, the Hubble Heritage Team (STScI / AURA), and IPHAS. **128 ESO:** IDA / Danish 1.5 m / R.Gendler, J.-E. Ovaldsen, and A. Hornstrup. **130-131 NASA and The Hubble Heritage Team (AURA/STScI):** NASA, ESA and AURA / Caltech. **132-133 ESO:** L. Calçada. **134 NASA:** Goddard Space Flight Center / Chris Smith. **135 NASA:** Goddard Space Flight Center / Chris Smith (tr); Goddard Space Flight Center / Chris Smith (cla). **136 Stephen Rahn. 138 ESO:** ALMA (NAOJ / NRAO) / E. O'Gorman / P. Kervella. **140 NASA:** ESA, N. Smith (University of Arizona) and J. Morse (BoldlyGo Institute). **143 ESO:** NASA / ESA Hubble Space Telescope, Chandra X-Ray observatory. **144 NASA and The Hubble Heritage Team (AURA/STScI):** NASA and ESA; J. Hester (ASU) and M. Weisskopf (NASA / MSFC). **146-147 Science Photo Library:** EHT Collaboration / European Southern Observatory. **148-149 ESO. 151 ESO:** Zdenek Bardon (tl); Y. Beletsky (tr). NASA and The Hubble Heritage Team (AURA/STScI): NASA, ESA, and the Hubble Heritage Team (STScI / AURA) (cl); NASA, ESA, and STScI (br); NASA, ESA, J. DePasquale (STScI), and R. Hurt (Caltech / IPAC) (bl). **152 Robert Gendler. 154 ESO. NASA:** JPL-Caltech / ESA, the Hubble Heritage Team (STScI / AURA) (cl). **155 NASA and The Hubble Heritage Team (AURA/STScI):** Bruce Balick (University of Washington), Jason Alexander (University of Washington), Arsen Hajian (U.S. Naval Observatory), Yervant Terzian (Cornell University), Mario Perinotto (University of Florence, Italy), Patrizio Patriarchi (Arcetri Observatory, Italy) and NASA (tl). NASA: CXC / SAO; Optical: NASA / STScI (cra). **156-157 NOAO / AURA / NSF:** T.A.Rector (NOAO / AURA / NSF) and Hubble Heritage Team (STScI / AURA / NASA). **159 ESO:** Igor Chekalin. **160-161 NASA:** JPL-Caltech / S. Stolovy (Spitzer Science Center / Caltech). **163 NASA and The Hubble Heritage Team (AURA/STScI):** NASA, ESA, and the Hubble Heritage Team (STScI / AURA). **164-165 Ken Crawford. 166 ESO:** Chris Mihos (Case Western Reserve University) (br). NASA and The Hubble Heritage Team (AURA/STScI): NASA, ESA, S. Bianchi (Università degli Studi Roma Tre University), A. Laor (Technion-Israel Institute of Technology), and M. Chiaberge (ESA, STScI, and JHU) (t); NASA, ESA, A. Aloisi (STScI / ESA), and The Hubble Heritage (STScI / AURA)-ESA / Hubble Collaboration (bl). **168 ESO. NASA and The Hubble Heritage Team (AURA/STScI):** NASA, ESA, and Z. Levy (STScI) (crb). **169 ESO. Robert Gendler. 171 ESO:** Digitized Sky Survey 2. **172-173 NASA:** JPL-Caltech / M. Meixner (STScI) & the SAGE Legacy Team. **174-175 Robert Gendler. 177 Johannes Schedler** (panther-observatory.com). **178 NASA and The Hubble Heritage Team (AURA/STScI):** NASA, ESA, and The Hubble Heritage (STScI / AURA)-ESA / Hubble Collaboration;. **180-181 NASA and The Hubble Heritage Team (AURA/STScI):** NASA, ESA, and The Hubble Heritage Team (STScI / AURA);. **182 NASA and The Hubble Heritage Team (AURA/STScI):** NASA, ESA, and The Hubble Heritage Team (STScI / AURA);. **184-185 ESA / Hubble:** NASA, Holland Ford (JHU), the ACS Science Team. **186-187 ESA:** NASA and the Hubble SM4 ERO Team. **189 Kees Scherer. 190 NASA and The Hubble Heritage Team (AURA/STScI):** NASA, ESA, and J. Lotz and the HFF Team (STScI). **192-193 NASA:** ESA; G. Illingworth, D. Magee, and P. Oesch, University of California, Santa Cruz; R. Bouwens, Leiden University; and the HUDF09 Team). **193 ESA / Hubble:** NASA, G. Illingworth, D. Magee, and P. Oesch (University of California, Santa Cruz), R. Bouwens (Leiden University), Z. Levay (STScI) and the HUDF09 Team (b). **194-195 IllustrisTNG collaboration:** D. Nelson. **196-197 ESA:** Planck Collaboration. **204 Alamy Stock Photo:** Chronicle (cl); The History Collection (c); Historic Images (c/Heinrich Louis d Arrest); GL Archive (cr); Granger Historical Picture Archive (cb); Science History Images (crb). NOAO / AURA / NSF: T.A.Rector (NOAO / AURA / NSF) and Hubble Heritage Team (STScI / AURA / NASA) (clb). **205 Alamy Stock Photo:** Archivio GBB (tc); gameover (cl); IanDagnall Computing (c); The Picture Art Collection (c/Thomas Harriot); Science History Images (cr); GL Archive (cb). NASA and The Hubble Heritage Team (AURA/STScI): NASA, ESA, J. DePasquale (STScI), and R. Hurt (Caltech / IPAC) (cr). Science Photo Library: Emilio Segre Visual Archives / American Institute of Physics (clb). **206 Dorling Kindersley:** Andy Crawford (cr). ESO. NASA: CXC / NGST (clb); JPL / Cornell University (cb); JPL-Caltech / R. Hurt (SSC) (crb). Science Photo Library: NASA (tc/Cosmic); Sputnik (tc); Robin Scagell (tr). **207 ESO:** NASA (tl). NASA. Science Photo Library: Russian Academy of Sciences / Detlev Van Ravenswaay (cra); Sputnik (tc). **208 Alamy Stock Photo:** National Geographic Image Collection (tr); Science History Images (cr). ESA: C. Carreau / ATG medialab (c). NASA: ESA / JPL / University of Arizona (c); JPL-Caltech / UCLA / MPS / DLR / IDA (clb/Ceres); Johns Hopkins University Applied Physics Laboratory / Southwest Research Institute (cb). Science Photo Library: European Space Agency / ATG Medialab (clb). **209 Alamy Stock Photo:** Science History Images (cl). Dreamstime.com: Konstantin Shaklein (tc). ESA: Planck Collaboration (tl). NASA and The Hubble Heritage Team (AURA/STScI): NASA, ESA, and J. Olmsted and F. Summers (STScI) (clb). NASA: Ames / J. Jenkins (cra); ESA; G. Illingworth, D. Magee, and P. Oesch, University of California, Santa Cruz; R. Bouwens, Leiden University; and the HUDF09 Team) (cr). Science Photo Library: EHT Collaboration / European Southern Observatory (cb)

Cover images: Front: Fotolia: Eevl tl; **NASA and The Hubble Heritage Team (AURA/STScI):** NASA, ESA and AURA / Caltech crb, NASA, ESA, J. DePasquale (STScI), and R. Hurt (Caltech / IPAC) ca; **NASA:** ESA, N. Smith (University of Arizona) and J. Morse (BoldlyGo Institute) br, Johns Hopkins University Applied Physics Laboratory / Carnegie Institution of Washington tr, JPL-Caltech / ESA, the Hubble Heritage Team (STScI / AURA) cra, STScI / AURA cla; **Science Photo Library:** Walter Pacholka, Astropics cr

All other images © Dorling Kindersley Limited.